JN410543

지금은 나를 사랑할 시간

지금은 나를 사랑할 시간

펴낸날 초판 1쇄 2019년 6월 15일

지은이 오설자
펴낸이 서용순
펴낸곳 이지출판

출판등록 1997년 9월 10일 제300-2005-156호
주 소 03131 서울시 종로구 율곡로6길 36 월드오피스텔 903호
대표전화 02-743-7661 팩스 02-743-7621
이메일 easy7661@naver.com
디자인 박성현
인 쇄 (주)꽃피는 청춘

값 13,000원

ISBN 979-11-5555-109-7 03810

이 도서의 국립중앙도서관 출판시도서목록(CIP)은 e-CIP홈페이지(http://www.nl.go.kr/ecip)와 국가자료공동목록시스템(http://www.nl.go.kr/kolisnet)에서 이용하실 수 있습니다.(CIP제어번호: CIP2019021342)

지금은
나를
사랑할
시간

● 오설자 지음

이지출판

책머리에

내 방 창 앞에는 나무들이 많았다.
바람이 불 때마다 댓이파리들이 비비고,
유리창 가득 부딪치는 아침 햇살에 잠이 깨면
감나무에 앉은 참새, 직박구리 소리가 가까이서 들렸다.

유자꽃이 피고, 꽃 진 자리에 매미 소리가 자지러졌다.
흙냄새가 더 진해지는 가을이 지나면 눈보라에 창문이
덜컹거리고 나는 이불 속으로 파고들었다.
그 작은 방에서 계절이 변하고 하늘빛이 달라지는 것을 보며
나의 꿈도 함께 자라났다.

세월이 흘러 나도 글을 쓰는 사람이 되었다.
글을 쓰는 동안은 다른 세상을 사는 듯 즐겁다.
또한 성장하는 기쁨도 느낀다.

글을 쓰는 것은 나무를 키우는 것과 같아.
물을 주고 가지를 다듬고 자꾸 들여다보고
말을 걸어야 해.

스승님의 말씀에
과연 성찰하며 글을 쓰고 있는지 나에게 묻는다.

작가를 '文人'이라고 한다.
가슴에 먹으로 무늬를 새겨 넣은
사람의 모습을 형상화한 글자가 '文'이다.
먹물이 채 마르지 않은 촉촉한 글을 안고 사는 사람.
나는 이 말이 참 아름답다.
가슴에 문신처럼 새긴 글.
글을 함부로 쓰면 안 된다는 엄중한 경고로도 들린다.

가슴에 무늬를 새기기 위해 글을 쓴다.
누군가에게 따뜻한 무늬 하나를 새기고 싶다.

행복한 사람은 과거가 없고,
불행한 사람은 과거만 있다고 한다.

내가 살아갈 날들은 알 수 없지만
그것 때문에 불안해하지 않으련다.
오늘 하루를 온전히 살아내고 싶다.

지금은 모두에게 위로가 필요한 시간
둘레에 있는 것을 아끼고 사랑할 때
지금은 나를 사랑할 시간
부디 당신 자신을 칭찬해 주시기를.

2019년 6월

오설자

지금은
나를
사랑할
시간

차례

지금은 나를 사랑할 시간

지금 이 순간에 충만하고 강렬하게
집중하고 있을 때만이
진정한 '존재' 상태를 느낄 수 있다.

– 에크하르트 톨레 〈지금 이 순간을 살아라〉에서

남아 있는 모든 첫 잔에 건배를!

나는 맥주를 별로 좋아하지 않았다. 다만 분위기를 맞추려 마시는 정도랄까. 연애 시절 데이트할 때 작은 버드와이저 병목을 부딪치며 마시곤 했었다. 쓰면서도 부드러운 맛. 맥주의 본질적인 맛과 연인과 함께여서 오는 설레는 맛. 내게 맥주는 그 정도였다.

지난번 독일과 동유럽 소도시들을 여행하면서 맥주를 자주 마셨다. 맥주의 맛을 구별할 정도는 아니지만 조금씩 차이는 느낄 수 있었다. 나름대로 정한 맥주를 마시는 원칙.

'손잡이가 달린 두꺼운 컵보다 오목한 얇은 유리잔이 좋겠어. 캐시미어 카디건 정도는 입어야 할 을씨년스러운 날씨면 더욱 좋겠어. 보기만 해도 웃음이 나오는 사람과 같이 마신다면 더할 나위 없겠지.'

찰리 채플린이 그려진 까를로비 바리의 식당에서 맥주를 주문했다. 초여름이지만 비가 내리는 변덕스러운 동유럽 날씨는 두꺼운 스카프를 해도 어깨를 움츠리게 했다. 그런데 맥주 맛은 오히려 따듯하고 부드러웠다. 다시 한번 맥주를 들이켰다. 첫맛과는 달랐다. 마실수록 쓴맛이 더해졌다. 그렇게 처음 맛은 사라지고 평범해졌다.

체코 플젠. 바르톨로메오 대성당 광장에는 무대와 테이블을 설치하고 맥주 축제를 준비하고 있었다. 맥주 홍보물이 가득한 광장에 앉아 축제를 상상해 보았다. 커다란 맥주잔을 들고 즐기는 시끌벅적한 웃음소리와 맥주 냄새가 코끝을 스치는 것 같았다. 같이 즐겼으면 좋으련만.

그러나 우리는 일정 때문에 이동해야 했다. 그곳에서 즐기지 못한 대신, 가는 곳마다 축제처럼 맥주를 마시기로 했다. 플젠에서 저녁을 먹을 때 나는 필스너 우르켈을 주문했다. 캐스크에서 방금 뽑아 온 맥주가 미끈한 와인 잔에 담겨 있었다. 흰 구름 아래 노을이 내린 맥주. 금세 잔에는 작은 물방울이 맺혔다.

잔을 들어올렸다. 물방울 스팽글이 반짝이는 드레스에 풍성한 흰 깃털 모자를 쓴 여인 같은. 차갑고 싱싱한 맥주의 기운이 손끝을 타고 전해 왔다. 먼저 눈으로 마시고, 손으로 마시고.

"행복한 여행이길!"

누군가 치어스를 했다.

천천히 잔을 기울였다. 거품이 터지고 사라지면서 입술을 간지럽혔다. 풍성한 거품과 함께 맥주가 입술에 닿을 때 달콤한 행복감. 첫 키스의 맛이 그랬을까. 입술로 만지는 맥주의 관능. 혀끝에서 느껴지는 쌉싸름한 시원함. 목을 타고 넘어가는 보리 냄새. 여태까지 마셨던 맥주의 첫 맛과는 달랐다.

나는 점점 맥주가 좋아졌다. 아마도 오랜만에 얻은 자유와 낯선 여행지에서의 분위기가 더해져 더욱 특별한 맛을 느꼈으리라. 모든 처음이 그처럼 황홀한 것이라면 두렵고 떨리는 어떤 모험도 해 볼 용기가 생길 것 같았다.

그날 우리와 함께 식사한 조용한 부부는 부인이 시인이라고 했다. 한 모금을 마시고 그녀와 나는 약속이라도 한 듯 마주 보았다.

"《첫 맥주 한 모금, 그리고 다른 잔잔한 기쁨들》, 읽으셨죠?"

"아, 필립…."

그녀가 웃으며 갸우뚱했다.

"들레름요."

우리끼리 통하는 문학의 기운. 그리고 〈첫 맥주 한 모금〉.

> 중요한 것은 딱 한 잔이다. … 맥주 첫 잔이 주는 기쁨은 하나의 문장처럼 모두 기록된다. 우리는 이미 알고 있다. 가장 좋은 기쁨은 벌써 맛보아 버렸다는 것을. … 지금 막 이루었다가 또 지금 막 사라져 버린 기적을 손에 넣고 싶어 한다. … 이제 맥주를 마실수록 기쁨은 더욱더 줄어든다. 그것은 쓰라린 행복이다. 우리는 첫 잔을 잊기 위해서 마시는 것이다.

그는 '첫 잔을 잊기 위해서' 마시지만, 나는 '첫 잔의 맛을 찾으려고' 마시고 또 마셨다.

가장 좋은 기쁨. 그는 '벌써 맛보아 버렸다' 고 아쉬워한다. 진정 가장 좋은 기쁨은 이미 다 맛보아 버린 것일까. 달콤한 신혼 시절, 꿈이 곧 이루어질 것만 같았던 여고 시절, 노을이 짙은 가을날 아버지 손에 들려 있던 머루, 으름의 진한 향기가 코끝을 어지럽히던 어린 시절. 지나가 버린 기쁨을 나는 맥주 첫 잔에서 찾으려 하는지도 모른다.

아니다. 기적은 사라지지 않았다. 아직도 내겐 맛보아야 할 수많은 기쁨들이 있기 때문이다. 최고의 날들은 아직 살지 않은 날들이다. 모든 남아 있는 날들은 내게 첫 잔이다.

남아 있는 그 모든 첫 잔에 건배를!

가장 훌륭한 시는 아직 쓰여지지 않았다
가장 아름다운 노래는 아직 불러지지 않았다
최고의 날들은 아직 살지 않은 날들
가장 넓은 바다는 아직 항해되지 않았고
가장 먼 여행은 아직 끝나지 않았다
불멸의 춤은 아직 추어지지 않았으며
가장 빛나는 별은 아직 발견되지 않은 별
무엇을 해야 할지 더 이상 알 수 없을 때
그때 비로소 진정한 무엇인가를 할 수 있다
어느 길로 가야 할지 더 이상 알 수 없을 때
그때가 비로소 진정한 여행의 시작이다.

– 나짐 히크메트 〈진정한 여행〉에서

광장에서 스며들기

유럽을 여행하다 보면 어디나 마을의 중심에 광장이 있다. 광장에서 누군가를 부르면 집집마다 창문을 열고 내다볼 것 같다. 그리 넓지 않아도 그곳에 서면 마음이 열리고 자유스러운 기운이 느껴진다. 그럴 때마다 그들의 광장문화가 부럽다.

여행이야 개인적인 취향이겠지만 여행지의 음식을 먹고, 그곳 사람들과 대화를 하고, 그곳으로 스며드는 경험을 해야 여행을 제대로 하는 거라고 한다.

나는 광장에서 '스며드는' 연습을 한다. 그곳의 바닥에 앉아 바람을 마시고, 사람들을 보고, 그런 아름다운 건축물에 안긴다는 것은 아무리 해도 싫지 않은 일이다. 광장에 앉으면 편안해진다. 그래서일까. 광장에서 찍은 사진은 다른 곳에서 찍은 사진보다 더 여유 있어 보인다. 사진 기술도 중요하지만 피사체의 내면이 반영된 탓이 아닐까.

광장에는 카페가 있고 예술이 있고 이야기가 있다. 그리고 삶과 역사가 있다. 잘츠부르크 광장 모퉁이에 단아한 건물에 있는 300년 된 카페. 모차르트가 커피를 마시던 곳이라고 한다. 즐겁게 이야기하며 차를 마시고 있는 사람들. 어디선가 모차르트의 독특한 웃음소리가 들리는 것만 같았다. 나도 커피를 마시며 모차르트 음악에 스며든다.

아바나 광장에 있는 엘 에스코리알 카페에서 마신 에스프레소. 명성처럼 커피는 깊은 맛이 있었다. 느긋하게 마시는 커피 한 잔. 급할 것도 없고 서두를 것도 없었다. 거기에다 몸을 움직이지 않고는 배길 수 없게 만드는 리드미컬한 쿠바 음악을 듣고 있으면, 내가 어디서 왔는지 어디로 가는지 잊을 정도다. 환하게 웃는 과일 장수 아저씨는 수레에 실린 과일이 팔려도 좋고 안 팔려도 좋은 얼굴이다. 느린 삶이 내 몸속으로 스민다. 아니 내가 스며든다.

광장에서 삶의 모습을 본다. 체코 텔츠의 자하리하쉐 광장. 유모차를 끌고 나온 젊은 엄마. 기저귀를 찬 채 목각 동물 장난감을 끌고 뒤뚱뒤뚱 걷다가 뒤집힌 장난감을 일으켜 끌고 돌아다니는 아기. 사랑이 가득한 눈으로 그 모습을 지켜보는 아기 아빠. 햇살 가득한 광장과 너무나 잘 어울리는 그림이다. 계단에 앉아 책을 읽는 여행자도 있고, 친구와 아이스크림을 먹으며 스마트폰을 즐기는 십 대들도 있다. 옆에 말이 통하는 아줌마라도 있으면 이야기하기 좋은 곳이기도 하다.

프라하 바츨라프 광장에 앉아 체리 봉지를 들고 먹고 있을 때, 중국인 부부가 가까이 와 앉으며 말을 걸었다.

"체리 어디서 살 수 있어요?"

800미터 정도는 가야 한다는 말에 그녀는 잠깐 흔들리더니 그냥 앉았다. 말을 텄으니 체리를 한 움큼 나눠 주었다. 체리가 수다를 떨게 만들었다.

어디서든 아줌마들은 만나면 호구조사가 먼저다. 그녀는 인도네시안으로 쉰 살이라고 하기엔 젊어 보였다. 자그마한 키에 가무잡잡한 얼굴에 눈빛이 빛났다. 막 오스트리아를 여행하고 왔다면서 그곳에서 산 유리공예 목걸이를 들어올렸다. 사는 동네 이야기며 아이들 이야기, 다음 여행지에 대한 이야기를 서툰 영어로 했다. 체리를 먹으며 우리는 마치 이웃집 여인처럼 친해졌다. 헤어질 시간쯤, 광장의 열기는 조금씩 식어가고 있었다.

아름다운 역사를 가진 광장이 기억난다. 독일의 로텐부르크.

로맨틱 가도에 있는 동화 속 마을 같은 곳이다. 마르크트 광장 건물에는 정해진 시간이 되면 시장과 적장 모습을 한 인형이 나타나 쇼를 한다. 30년 전쟁 당시 가톨릭군의 수장이 포도주 한 통을 단번에 마시면 시민을 학살하지 않겠노라는 멋진 제안을 했다. 시장은 포도주를 단숨에 마셨고, 3일 동안 잠이 들었다. 포도주 원샷으로 포격을 중지하겠다는 적장이나 포도주 원샷으로 도시와 시민을 구한 시장. 그렇게 낭만적일 수 없다. 로맨틱 가도는 '로마로 가는 길'이 원래 이름이지만, 로맨틱 가도街道가 그래서 더 어울린다.

광장에서 즐기고 소통도 하지만, 사람들을 깨우고 변화와 개혁에 이르기도 했다. 쿠바의 혁명광장. 드넓은 광장에 선 나는 탄성이 나왔다. 호세 마르티 동상, 결기에 차 있는 체 게바라, 푸근한 카밀로 시엔푸에고스의 얼굴이 철골 구조물로 커다랗게 걸려 있었다. 혁명의 주역들이 찍힌 대형 걸개그림이 마치 그날에 와 있는 착각을 불러일으키게 했다. 혁명을 이루고 이 광장에서 연설을 하던 카스트로와 그들. 그리고 열광하던 군중들. 내게도 혁명의 기운이 스며든 것일까. 가슴이 뜨거워졌다.

다음날 5월 1일 노동절. 대대적인 '인민의 날' 행사가 있었지만 그 역사적인 광경을 안타깝게도 관광객인 나는 볼 수 없었다. 그날 아침 호텔 텔레비전으로 본 혁명광장에 새벽부터 몰려드는 인민들의 물결이 거대했다. 기념 선물은 없어도 손에 손에 쿠바 국기를 들고 활짝 웃는 그들은 행복해 보였다.

우리에게도 오래전부터 광장이 있었다. 역사를 거슬러 올라가면 부여의 청동기 유적지나 제주 삼양동 선사유적지에서부터 공동 노동과 생산물을 분배하고 의식을 치르는 광장이 존재했다.

오늘날 우리의 광장은 울분과 분노로 달구어져 있다. 촛불과 구호 대신 음악과 여유가 흘러넘치는 그곳에서 떡볶이를 먹으며 즐기는 그런 곳이 될 수는 없는 걸까. 광화문광장을 생각하면 떠들썩한 웃음과 경쾌한 음악이 떠오르면 더 좋을 것이다. 그저 그윽하게 바라만 보아도 편안해지는 곳이면 더욱 좋을 것이다.

풍금이 있던 자리

교실마다 풍금이 있던 시절이 있었다. 군데군데 칠이 벗겨진 낡은 풍금에는 하얀 레이스 커버가 덮여 있고, 꽃병에는 수선화가 꽂혀 있기도 했다. 아침 햇살에 창가에 있던 풍금이 먼저 빛났고, 저녁노을이 풍금 위에 머물렀다. 세월에 밀려 사라진 풍금이지만 나에겐 아직도 추억으로 남아 있다.

교생 실습 때 6학년 음악 수업으로 가르칠 노래는 '과꽃'이었다. 열심히 준비했기에 자신 있게 전주를 연주했고 아이들이 노래를 부르기 시작했다. 풍금 소리와 노랫소리가 어울리는 것이 대견하여 고개를 들었다가 일순 음을 놓치고 말았다. 음표들이 화르르 날아가 버리고 희뿌연 구름이 눈앞을 가렸다. 다리가 떨리고 온몸에 진땀이 났다. 사태를 알아차린 아이들은 어설픈 교생의 '이상한 반주'에 맞추어 제대로 노래를 불러 주었고,

그렇게 수업을 마쳤다.

지도교사가 내 수업은 아주 '차분했으며' 마무리를 잘했다고 평해 주었다. 나를 구해 준 멋진 강평이었지만 나는 고개를 들 수가 없었다. 아이들의 얼굴에 스치는 나를 향한 연민을 보았기 때문이었다.

발령을 받고 나서 진짜 음악 수업을 하게 되었다. '과꽃'만 가르쳤던 실습과는 달랐다. 빠르고 경쾌한 노래를 가르칠 때는 건반을 누르는 것보다 발을 구르는 횟수가 더 많았다. 음악 시간이 괴로웠다. 연습은 안 하고 풍금 탓만 했다. 풍금은 내 눈초리에도 아랑곳없이 언젠가 자신을 잘 다뤄 줄 것을 기다리는 듯했다.

그 학교 교무 선생님은 중후한 신사였다. 방과 후면 풍금을 치면서 노래를 부르곤 했다. 선배 언니와 나도 그 교실에 가서 같이 노래를 불렀다. 노래를 청하면 악보도 없이 즉석에서 반주를 하는 것이 부럽기만 했다. 천천히 페달을 밟으며 늦도록 풍금을 치는 모습이 어딘지 쓸쓸해 보였다. '풍금 치는 사랑손님' 처럼.

그렇게 근사한 노래를 연주할 수 있는 주인을 만난 풍금은 행운이었다. 나는 한쪽으로 치워진 풍금을 볼 때마다 미안해졌다.

이듬해 피아노가 있는 교실에 배정을 받았다. 마음껏 피아노를 칠 수 있었다. 주말 일직 때면 그이를 교실로 불러 노래를 부르고 내가 좋아하던 피아노곡 '은파'를 더듬더듬 쳐 주기도 했다. 피아노에 마음을 빼앗겨 풍금은 잊어버리고 있었다.

그런데 다음해 다시 풍금이 있는 교실에 배정되었다. 학교에 피아노가 한 대뿐이라 연이어 쓸 수 없었다. 풍금을 한쪽으로 치워 놓았다가 음악 시간에만 마지못해 뚜껑을 열었다. 건반이 많이 상한 풍금은 치열이 제멋대로인 못난이를 보는 것 같았다. 소리도 잘 나지 않고 발판도 뻑뻑했다.

하지만 시간이 갈수록 풍금에 익숙해졌다. 노래를 가르치다가 화음을 넣어 부르는 아이들의 눈빛을 마주하면서 서로 오가는 마음을 나누게 되었다. '나실 제 괴-로움 다 잊으시고-' 아이들의 목소리에 맞춰 연주를 하면서 가슴이 싸해지곤 했다. 수업을 마치면 손가락 끝에 눌렸다가 올라오는 건반의 통통한 힘이 남아 있었다. 교실을 가득 울리는 풍금 소리가 가슴에 고이기 시작했다.

세월이 흘러 음악 전담교사가 배정되었고 나는 더 이상 음악 수업을 하지 않게 되었다. 피아노가 있는 음악실에서 수업을 하는 학교도 있지만, 대부분 음악 전담교사들은 전자오르간이나 교육 사이트에서 제공하는 음악 파일로 수업을 했다. 디지털

음은 풍금의 고아한 멋을 결코 내지 못했다. 풍금은 아이들의 목소리를 살렸지만, 디지털 음은 아이들의 목소리를 기계 속에 묻어 버렸다.

풍금은 애물단지가 되었다. 교실 한쪽으로 밀려나 아이들의 작품을 올려놓거나, 물건 받침대로 쓰기도 하고, 바닥 귀퉁이 구멍을 가리는 신세가 되고 말았다. 급기야 교실에 있는 풍금을 모두 복도로 내놓으라는 징집 방송에, 풍금은 전쟁터에 끌려가는 병사처럼 덮개도 없이 먼지를 뒤집어쓴 채 한동안 복도에 버려졌다. 그리고 어느 날 어디론가 실려가고 말았다.

몇 년 전 스페인에 갔을 때, 사그라다 파밀리아 성당에서 파이프오르간 소리를 듣게 되었다. 정교하게 설계된 성당 안에 퍼지는 파이프오르간 소리는 신의 목소리 같았다. 심장을 울리는 성스러운 소리에 고개가 절로 숙여졌다.

그때 오래전 내가 애쓰며 냈던 풍금 소리가 멀리서 들리는 것 같았다. 하얀 블라우스에 풍성한 플레어스커트를 입고 풍금을 연주하며 아이들과 얼굴을 마주하고 입을 모아 노래를 부르던 그 시절. 작은 교실의 풍금 소리가 파이프오르간 소리에 뒤섞여 아련하게 들리는 것이었다. 밟을 때마다 삐걱거리며 바람이 쉭쉭 빠지던 풍금 소리. '이-일송정 푸른 솔은-' 이거나 '울 밑에

선 봉선화야–' 하고 교무 선생님이 풍금을 치면서 부르던 노랫소리도 귓가에 맴돌았다. 그분은 풍금을 치면서 상처한 아픔을 달랬는지도 몰랐다.

'작별' 노래를 부르며 아이들도 나도 울컥했던 일도 떠올랐다. 풍금 소리는 헤어지는 슬픔을 더 깊게 만들었다. 고요한 학교에 풍금 소리가 퍼지면 지붕 위를 날아다니던 비둘기들도 소리 맞춰 구구구 반주를 넣기도 했다.

삼십여 년이 넘는 세월 동안 나도 많이 변했다. 노란 칠이 벗겨진 풍금처럼. 나도 새로운 세대에게 자리를 내어줄 때가 온 것 같다. 세월 따라 변하고, 잊히고, 결국 사라지지만, 어떤 것들은 추억을 남겨 놓는다.

조용한 교실에 앉아 있으면 나도 몰래 눈길이 갈 때가 있다.

'그땐 저기에 풍금이 있었지.'

친했던 동료가 떠나버린 듯 빈자리에 시선이 머문다.

내 청춘의 그림자가 고여 있는 곳. 풍금이 떠난 자리다.

그곳에
틈새집이 있었다

수요일마다 글공부하러 가는 학교 옆에 작은 식당이 있다. 학교 건물 벽과 옆 건물 벽 사이 채 2미터도 되지 않는 틈에 만든 공간이다. 이름하여 '틈새집'. 언제부터 그곳에 자리하고 있었는지 모르지만 꽤 오래된 것 같았다.

수업이 끝나면 문우들과 거기서 자주 뒤풀이를 했다. 틈새집이라고 쓰여 있는 허름한 문을 밀고 머리를 숙여 들어가면, 작고 둥근 탁자 다섯 개가 벽에 붙어 있고, 그 너머 할머니가 음식을 만드는 주방이 이어져 있었다.

할머니의 흰머리와 구부정한 허리에 얹힌 삶의 무게는 지나온 세월을 말해 주는 듯했다. 말없이 우리를 보시다가 주문을 하면 옹송한 주방에서 뚝딱 요리를 해내셨다. 비좁은 탁자에 끼일 것만 같은 거구의 아들은 앉아서 TV를 보다가 손님들에게 말없이 음식을 내어 주거나 음식을 배달하곤 했다. 그 아들은 장성했으나 아직도 미혼인 듯했다. 할머니와 아들에게 어떤 사연이 있을까, 어쩌다 여기서 식당을 할까, 할머니에게는 다른 가족이 없는 걸까, 궁금증이 꼬리를 물다가도 문우들과 수다에 빠지면 궁금증은 다른 길로 가버리고, 김이 모락모락 올라오는 구수한 음식이 나오면 이내 잊어버리고 부지런히 젓가락질을 했다.

밑반찬이 아주 맛깔스러웠다. 젓갈이 골고루 밴 파김치, 윤기 나는 멸치조림, 콩자반도 꼬들꼬들했다. 취나물이나 비듬나물 무침은 짭짤하지만 상큼했다. 갈 때마다 반찬이 달라졌다. 부드러운 콩 알맹이가 씹히는 청국장은 진하고, 김치찌개도 진실했다. 구수한 시래깃국을 남김없이 다 들이키면 추위가 싹 가셨다.

오징어볶음이 특별했다. 별다른 야채도 넣지 않고 달콤하고 매콤하게 무친 오징어 살은 아주 깊고 연했다. 통통한 오징어를 씹으면 입안에 부드러움이 가득했다. 나는 별로 오징어 요리를 좋아하지 않는데, 그 집에서만은 맛있게 잘 먹었다. 우리는 오징어볶음 한 접시, 청국장이나 시래깃국은 빠지지 않고 먹었다. 음식을 먹을 때마다 소박한 손님상을 차린 전라도 어느 가정집에 온 듯했다. 어떤 때는 쪽파가 절여져 있었는데 일주일 후에 오면 파김치가 다 떨어질까 봐 아쉬워하기도 했다.

음식값도 할머니처럼 욕심이 없었다. 서너 명이 먹어도 '제가 오늘 밥 삽니다' 하기에 전혀 부담이 없었다. 반찬을 집으려 젓가락질을 할 때마다 옆 사람 팔이 부딪칠 정도로 비좁지만, 수업 후에 거기서 '집밥' 같은 음식을 먹으며 그날 배운 문학에 대한 이야기를 나누는 것이 즐겁기만 했다.

한 번은 몇 명이서 그곳에 들렀는데 그날 반찬으로 싱싱한 파를 숭숭 썰어 넣은 부침개가 나왔다. 어찌나 쫄깃하고 파 향이 상큼한지 두 접시나 먹었다. 그러고도 계속 입에 남아, 집에서도 몇 번이나 해 먹었다. 갈 적마다 할머니는 말씀도 없이 음식을 만들고, 맛있다는 우리에게 반찬을 듬뿍 주셨다.

언젠가 여행을 하고 오랜만에 학교에 갔다. 그날 뒤풀이는 틈새집에서 해야겠다고 생각하며 지나는데 그곳이 텅 비어 있었다. 깜짝 놀랐다. 식당이 있던 건물 사이에는 담배꽁초와 비닐 조각이 뒹굴고 있을 뿐이었다. 어떻게 된 일일까. 어디로 갔는지 작은 메모나 전화번호라도 있나 하고 찾았지만 아무것도 없었다. 남은 것은 사람의 흔적이 사라진, 벽과 벽 사이 허망한 틈뿐이었다. 나는 그 자리에 한참을 서 있었다.

식당이 있을 때는 제법 공간이 있었는데 이렇게나 좁은 곳이었다니. 수도며 전기는 어디서 끌어 왔을까. 그 작은 틈새에서 어떻게 식당 일을 하였을까. 맥주병을 뉘어 놓은 형상의 땅. 병목에 작은 문이 있었고 병 몸체가 식당이었다. 저런 곳에 어떻게 싱크대며 냉장고며 세간살이를 놓았을까. 돌아설 곳 없는 공간에서 할머니는 나물을 무치고 찌개를 끓이고 김치를 담그셨겠구나.

건물 벽만 남은 그곳에 서 있자니 그 작은 테이블에 앉아 진한 청국장을 먹는 우리의 모습이 보이는 것 같았다. 서로 부딪쳐 가방을 놓을 공간도 마땅치 않은 원탁에 다리를 오므리고 앉아 열띤 토론을 했던 그 시간이 더 간절해졌다. 그동안 우리가 쌓은 추억도 빼앗긴 것 같아 나는 몹시도 서운했다.

그 할머니와 아들은 어디서 다시 식당을 열고 음식을 만들고 계시기나 한 걸까. 이제 어디로 갔는지 모르는 할머니가 그리울 뿐이다.

아쉬운 마음에 역삼동과 대치동 주민센터에 전화를 했더니 무허가 건물이라 철거되었다는 대답만 돌아왔다. 건물 틈새에서 비비고 먹고사는 모자를 그리 모질게 쫓아 버린 것만 같아 비싼 땅에 버티고 있는 거대한 건물까지 미워졌다. 적법과 불법 사이에서 욕심 없이 사는 그들을 여지없이 내몰아 버린 세태가 비정하기까지 했다.

그들이 어디에 있는지 이제 알 길이 없다. 엉성한 식당이 없어진 틈을 볼 때마다 내 가슴속에도 틈이 하나 생기고 말았다. 그 틈새로 서글픈 바람이 자꾸만 불어오는 것이었다.

길을 걷다가 건물 틈이 단란한 곳을 지날 때마다 나는 멈칫하고 그 할머니가 식당을 하면 딱 좋은 곳인데, 하고 중얼거리곤 한다. 그곳에서 먹었던 할머니의 음식과 함께 그 집에서 있었던 추억을 꺼내 보면서.

비를 가릴 허름한 어딘가에서 할머니는 여전히 맛깔스런 음식을 만들어 힘든 오늘을 살아낸 착한 사람의 헛헛한 틈새를 채워주고 있을 거라고 위안해 보곤 한다.

컬렉터를 꿈꾸며

신문을 보다가 소박한 컬렉터에 관한 글을 읽었다. 고미술상을 뒤지거나 젊은 작가들의 전시를 찾아다니며 40년 동안 작품을 모아 손주들 생일선물로 준다는 지인의 이야기를 소개하면서 미술관을 돌아보며 풍요로운 마음을 만들어 보라는 내용이었다.

미술품을 소장하는 일은 아름다움에 대한 욕구가 우선이겠지만, 또 다른 이유로 인해 특별한 사람들이나 하는 취미생활이지 나와는 거리가 먼 것으로 생각하고 있었다. 그런데 그 칼럼을 읽고 나니 나 같은 문외한도 소박한 목적으로 컬렉션을 할 수 있겠다는 생각이 들었다.

사실 나는 미술관에 가서 그림을 보는 것을 즐기기는 하지만 그림 앞에 서서 꼼꼼하게 들여다보는 편은 아니다. 한때 수채화,

유화를 취미 삼아 해 보았지만 그림을 보는 안목은 높지 않기 때문이다. 휘둘러보고 다시 처음으로 돌아와서 보면 처음에는 보이지 않던 작품이 눈에 띌 때도 있다. 넘기다가 마음에 드는 글부터 읽는 메뚜기식 독서처럼.

어쩌면 그림보다 조용하고 아늑한 그곳의 편안함을 즐기러 간다고 하는 편이 더 맞을 것이다. 그림이 걸려 있는 널찍한 공간에 서면 마음이 차분해지며 어지러운 생각들이 제자리를 잡게 되고 고요해진다. 사실 공간도 작품 배경으로 작용하는 전시의 중요한 조건이라고 알고 있다.

미술작품들이 걸려 있는 곳은 '고급지며' '있어 보이는' 기운이 가득 머물러 있다가 내 안으로 스며드는 것 같다. 방금 전까지 길거리에서 일상의 가볍기 그지없는 수다를 떨다가 갤러리에 들어서면 갑자기 다른 사람이 된 듯, 뭔가 깊어진 듯, 품위가 생겨나고 정신적으로 고양되는 기분이 들곤 한다.

나는 천천히 거닐다가 그림에 가까이 다가가 팔짱을 끼고 보기도 하고 물러서서 가늘게 눈을 뜨고 보다가, 다시 다가가 만지고 싶은 충동을 참고 그림 앞에 얼굴을 들이대며 대단한 감상 기교나 있는 것처럼 폼을 잡는 것이다. 그러나 이해가 되지 않는다. 무엇을 말하고자 했을까. 시험 정답을 찾듯 정해진 해석을 원하게 된다. '그냥 느껴라' 하지만 그것이 잘 안 된다. 어쨌

건 갤러리를 나설 때는 들어설 때의 내가 아니다.

그렇게 그림들을 보기만 했지 내 것으로 만들 생각은 하지 못했다. 그냥 보고 감상하는 것으로만 여겼으니까.

하긴 손 선생님 작품 전시회 때 선생님의 작품 하나쯤 간직하고 싶긴 했다. 하지만 미술품을 사 보지 않아 선뜻 나서지 못하고 망설이고 있었다. 점점이 푸른 눈처럼 내린 '기다림'이나 슬픈 이야기가 있는 '우미인초', 돌아갈 수 없는 과거를 보여 주는 '금지된 안부' 나 '어머니가 들려준 이야기' 같은 작품들은 갖고 싶었지만, 결정 장애에 걸린 사람처럼 미적미적하는 사이에 다른 주인이 생기고 말았다. 이제 와 도록에 있는 사진을 보니 보면 볼수록 좋은 것을. 그 그림들이 이 세상에 단 하나뿐이라는 생각이 그때는 절실하지 못했다.

그런저런 이유로 아직 나는 그림 한 점 소유하지 못했다. 이제부터라도 칼럼을 쓴 이의 말처럼 젊은 작가의 소품을 하나씩 사 볼까, 조심스럽게 생각 중이다.

몇 년 전 프랑스 남부 툴루즈 교외의 한 공동주택에서 지붕을 고치다가 우연히 그림 한 점을 발견했다. 구약성서에 나오는 이스라엘 여인 유디트가 조국을 구하려고 아시리아의 장군 홀로페르네스의 목을 찌르는 장면을 그린 그림이었다. 술에 취한 채

피를 흘리며 죽어 있는 적장과 그의 주검 옆에 놀란 듯 서 있는 유디트. 비엔나에 있는 벨베데레 궁전에서 본 관능적인 클림트의 '유디트'와는 대조적으로 청순하기까지 했다. 그 그림이 바로 '다락방의 카라바지오'라는 별명이 붙은 '홀로페르네스의 목을 베는 유디트Judith Beheading Holofernes'다.

어떤 경로로 그리 오랜 세월 동안 천장 속에 감춰져 있었는지 모르지만, 이제 다락방에서 나와 세상의 빛을 보게 된 그것에게 천문학적인 가격이 매겨졌다.

아이들에게 꿈을 가지라고 할 때, 낙서도 예술이 될 수 있다며 장 미쉘 바스키아를 예로 든 적이 있다. 그의 작품 '무제'는 바스키아의 컬렉터인 일본의 사십 대 억만장자가 무려 1,245억 원에 사들여 미술계가 발칵 뒤집혔다고 한다. 아무리 뜯어봐도 그 가치를 모르는 나야 현대미술이란 정말 알 수 없어, 하고 돌아서지만. 그림 앞에 서서 흠뻑 빠져 바라보는 그의 얼굴에는 진정 예술을 사랑하는 기쁨이 드러나 있었다.

그는 나중에 고향에 미술관을 짓고 소장품들을 전시하여 많은 사람들과 함께 아름다움을 나누고 싶다고 했다. 타인들과 아름다움을 함께 나눈다는 것이 진정 예술의 궁극이 아닐까. 소유하기 위해 막대한 대가를 치른 것을 세상과 공유하겠다는 그 마음.

그 대목에서 나는 그만 감격하고 말았다. 작품 가격보다 훨씬 더 가치 있게 느껴졌기 때문이다.

시간이 날 때마다 미술관이나 갤러리로 나들이를 가야겠다. 시원하고 아늑한 공간에서 잠시라도 정신을 들어올려 한껏 풍부해 보리라. 그림 앞에 서서 알 수 없는 표정으로 갸우뚱거리다가 혼자만의 상상으로 고개를 끄덕이면서. 어떤 마음으로 그렸을지, 무엇을 표현하려 하였는지, 작품 너머의 세계를 상상해 보는 것은 인간의 내면을 드러내려 글을 쓰는 나에게도 큰 도움이 되지 않을까? "예술이 생활이고 생활이 예술이다"라는 앤디 워홀의 말처럼 되는 순간이기도 할 것이다.

자주 갤러리로 여행하다 보면 나를 붙들어 줄 그림이 하나씩 생길지도 모른다. 그것을 사서 거실에 걸어두고 오래도록 바라보다가 나중에 손주들에게 선물하면 어떨까. 아주 특별한 선물이 되겠지. 그림을 보면서 할머니를, 엄마를 생각하지 않을까.

오랜 세월이 흘러 내가 선물한 그림들이 모이고, 내 딸도 또 그렇게 모아 그녀의 손주에게 선물하고, 손주의 손주에게 선물한 그림들이 모아지면 후대의 한 후손이 갤러리를 세울지도 모를 일이다. 그곳에서 여러 사람과 아름다움을 나누게 된다면 얼마나 근사할까, 상상만으로도 흐뭇해진다. 내 마음은 벌써 인사동 어느 갤러리에 걸려 있는 작은 그림 앞에 서 있다.

내게 온 가야加耶

지난여름 친구와 선배 셋이서 농암에 갔다. 오래전 퇴임하신 선생님을 22년 만에 만나는 날이었다. 전국을 돌며 정착지를 찾다가 가을이 한창이던 그곳에 반해 열두 해째 살고 계신다.

계곡이 내려다보이는 곳에 선생님을 닮은 소박한 한옥을 짓고 텃밭과 꽃길도 정갈하게 만들어 놓았다. 상추, 쑥갓, 깻잎이 무성한 텃밭에 도라지꽃이 줄지어 피어 있었다. 접시꽃, 초롱꽃, 해당화 같은 야생화가 어우러진 마당가에 금붕어가 노는 작은 연못. 그 옆 한량처럼 느긋한 정자에서 우리는 오랜 해후를 했다.

선생님과 같은 학교에 근무할 때, 지하철 출근길에 자주 만나게 되었다. 그분은 평소에도 책을 많이 읽고 사색하는 모습이 원래부터 철학자 같았다. 학교까지 꽤 먼 거리를 걸어가면서 우리는 많은 이야기를 나눴다.

나보다 열두 살이나 많은 그녀는 자그마하고 풀꽃처럼 여렸다. 꼭 돌담 아래 남아 있는 눈 속에 핀 수선화를 닮았다. 가는 눈에 맺힌 온화한 미소는 기품이 있었다. 조용조용 말하는데도 힘이 있고, 핵심을 놓치지 않았다. 우물가에서 남편을 만난 이야기, 괴팍한 시어머니 이야기, 닥치는 대로 읽은 심리학책 이야기…. 끊임없이 쏟아내는 말을 들으며 나는 그저 탄성을 내거나 깔깔거리며 웃곤 했다.

그날도 같이 걸어오면서 무슨 이야기 끝에 토기에 대한 이야기를 하게 되었다. 선생님은 오래전부터 대접 크기의 가야 토기 하나를 가지고 있다고 했다. 마무리가 매끄럽지 않지만 보면 볼수록 애정이 간다는 것이다. 그것을 화장대에 올려놓고 매일 들여다본다고 했다.

“그 그릇을 볼 때마다 꼭 가야 시대 사람과 대화하는 것 같아.”

미소 지으며 말하는 그녀의 얼굴을 보며 옛 가야인의 얼굴이 저런 모습이 아니었을까 생각했다. 그렇게 옛사람과 조우하는 고아한 취미와 깊은 안목이 무척 인상적이었다. 그랬다. 오래전에 내가 그분에게 받은 인상이었다.

그러니 선생님 댁에 갔을 때 가야 토기의 존재는 당연히 궁금했다. 하지만 만나자마자 지나온 이야기로 폭풍 수다를 하다 보니 헤어질 즈음에서야 그것이 생각났다. 선생님은 20년도 더 지난 이야기를 기억하느냐며 무척 놀라셨다. 청나라 화병과 크고 작은 도자기들이 진열되어 있는 안쪽에 숨겨져 있었는지 얼른 눈에 띄지 않았다. 아쉬웠지만 갈 길이 바빠 다음으로 기약했다.

겨울이 한창일 때, 우리는 다시 선생님 댁을 찾았다. 한옥이 그때보다 더 높아 보였다. 연못은 얼음이 얼어 반짝이고, 누렁이는 낯선 이들이 와도 짖지도 않고 배를 깔고 누워 짧은 겨울 햇살을 즐기고 있었다.

페치카에서 '딱 타닥 딱' 장작이 타들어가는 소리가 들리는 마루에 앉아 차조밥과 매생이굴국에 잘 차려진 반찬들을 게눈 감추듯 휩쓸고 구수한 우엉차를 마시고 있었다. 그때 친구가 "부성父性은 없어. 길러지는 거야"라고 선생님이 한 말이 생각난다면서, 그 말 때문에 남편을 더 이해하게 되었다고 했다. 그 말끝에 토기 이야기가 또 나왔다.

"난 그때 선생님이 가야 토기 이야기할 때…."

채 말이 끝나기도 전에 선생님은 그것을 찾았다면서 꺼내 오셨다.

예전에 토기에 대해 들었을 때, 나는 그것이 거친 손매의 막사

발인 줄 알았다. 그런데 참 다정하게 생긴 옹기였다. 조롱박 크기의 검회색 흙이 그대로 드러난 단아하면서도 수수한 질그릇. 이게 가야 시대 그릇이구나. 설레는 마음으로 조심스레 뚜껑을 열고 얇은 목 테두리를 빙 둘러 쓸어 보았다. 물레가 돌아가는 듯 그릇을 만드는 섬세한 손길이 느껴졌다.

뚜껑에는 동그란 손잡이가 오뚝하니 달려 있고 넉넉한 허리에는 두 줄의 선으로 뚜껑과 결을 맞추고, 섬세한 빗살무늬가 가로 세로 사방 연속으로 그려져 있었다. 뚜껑을 열었다 닫고 다시 만져 보았다. 오동통한 얼굴에 털모자를 푹 눌러쓰고 금방 밥을 먹은 듯 볼록한 배, 복스러운 아이 같았다.

씨앗을 보관하던 그릇이었을 것이라고 선생님은 추정하였다. 씨앗을 담아 숨을 쉬게 했다가 봄이 오면 그것을 심어 꽃이 피고 열매가 맺으면, 실한 열매만 골라 다시 그 그릇에 저장하였을 테고. 그들에게 금고나 다름없는 씨앗 항아리는 대를 이어 양식의 원천이 되었을 것이다. 선생님은 뚜껑을 열어 속을 만지다가 뜻밖의 말씀을 하셨다.

"이걸 오 선생에게 주려고 해. 갖고 있을 동안 행복할 거 아니야. 사람이 관심을 갖고 뭔가 그 가치를 인정해 주는 것이 어디야. 가치를 아는 사람에게 가야지."

"어머나, 선생님, 저 받을 수 없어요. 선생님이 아끼는 거잖아요…. 그때 말씀했던 것이 기억에 남아서 여쭤 본 것뿐인데….”

친구는 어쩔 줄 몰라 하는 나를 보며 농담을 했다.

“난 뭐 기억할 거 없나? 말만 기억하고…. 이런 걸 기억했어야 했는데. 그치?”

선배 언니는 그 순간을 기억해야 한다면서 사진을 찍었다.

“잘 간직했다가 또 그 가치를 아는 사람에게 줘.”

나도 모르게 무릎이 꿇어졌다.

선생님이 내 손 위에 그릇을 얹으셨다. 손바닥에 그릇이 닿자 코끝이 찡했다. 조금 전에 “사람이 감동했을 때 눈물이 나더라고…” 하시던데. 나를 예견한 말씀 같았다. 선생님은 상자도 준비했다면서 뽁뽁이 비닐과 스티로폼을 꺼내셨다.

“선생님… 잘 키울게요.”

그렇게 나에게 가야가 왔다. 황금빛 보자기로 싼 가야를 품에 안고 오면서 나는 울렁이는 가슴을 진정할 수 없었다. 집에 와서 도자기 받침대에 내려놓았다. 내게 온 그릇이 어쩐지 외톨이 같았다. 서까래가 내려다보는 그곳에서는 참 잘 어울렸는데.

누구나 새벽에는 철학자가 된다고 한다. 눈 내리는 이 새벽에 나는 가야 토기를 보면서 철학자가 된 듯한다. 옛것을 보면 오래전 살았던 사람들의 숨결을 대하는 것 같아 가슴이 뛴다.

'오늘처럼 눈이 오는 날, 너는 무엇을 담고 곳간에 있었던 거니?'

토기를 바라보며 조용히 말을 건다.

우연히도 우리 외할머니와 이름이 같은 선생님. 그분 마음을 가야에 담아 고이 간직해야지. 토기를 사랑해 줄 이에게 넘겨줄 때까지.

봄이 오면 또 선생님을 뵈러 가려 한다. 그때쯤이면 선생님 집 마당에 있는 엄나무 순이 연둣빛으로 피어날 것이다.

건반 위의 흑백처럼
운명은 반음이 엇갈릴 뿐이고

– 박후기 〈사랑〉에서

할머니 국수

스무 살. 면 소재지에 있는 아담한 학교에 첫 발령을 받았다. 호기심으로 반짝이는 어린 눈길을 온몸에 받으며 수업을 이어가고 있었다. 그때 옆 반 아이가 부장 선생님의 전갈 쪽지를 들고 왔다.

'오늘은 국숫집으로 갑니다.'

그다지 면을 좋아하지 않는 나는 시큰둥하게 선생님들을 따라 교문 앞에 있는 오래된 집으로 갔다. 늙은 소가 배를 깔고 엎드린 듯 납작한 지붕에 간판도 없는 허름한 식당이었다. 옹색한 홀에는 크기도 각각인 둥근 탁자 세 개가 기우뚱하니 놓여 있고, 그을음이 잔뜩 낀 주방에는 할머니와 아주머니 한 분이 분주히 음식을 준비하고 있었다.

홀에는 이미 손님이 있어 우리는 골방으로 갔다. 주인만큼이나 늙어 보이는 낡은 궤짝이 방 한편을 채우고 있었다. 아랫목의 자질구레한 할머니 세간을 밀고 상을 펴니 네 명 앉기가 빠듯했다.

"오 선생, 이 집 국수 맛들이면 끊기 어려울걸."

부장 선생님이 큰 눈을 동그랗게 뜨고 너스레를 떨었다.

할머니는 어서 앉으라고 손짓을 하며 행주로 그릇을 닦으셨다. 이가 빠진 틈새로 세월의 때가 묻어 있는 커다란 사기그릇에 굵은 국수를 담으셨다. 스르렁 무쇠솥뚜껑을 열자 펄펄 끓는 국물에서 피어오르는 김 속으로 할머니가 사라졌다가 뽀얀 국물을 담고 나타나셨다. 더벅더벅 썬 고기를 얹고 파와 깨소금을 뿌렸다. 푸짐했다.

"자, 단골이니 고기 많이 넣었네. 맛 좋게 먹어라이. 니는 새로 와시냐?"

일어나 국수 그릇을 받는 나를 쳐다보셨다. 나는 "네" 하고 웃었다. 알아듣지 못할 쉰 목소리와 주름살이 자글자글한 얼굴, 작은 체구에 구부러진 허리가 안쓰러웠다.

'이걸 어떻게 다 먹지?'

먹기도 전에 질린 나는 후추를 팍 뿌려서 휘저었다. 젓가락에 굵은 국수 몇 가락을 돌돌 감아 입에 넣고 커다란 무김치를 한입 베어 물었다. 음? 예사롭지 않았다. 국물까지 들이켰다. 고소한 맛이 입안에 가득 퍼졌다. 그날 이후 부장 선생님 말처럼 국수 맛은 내 입안에 들어와 앉았다.

할머니는 밤새 돼지뼈를 푹 고았다. 뼈 삶는 커다란 무쇠솥에는 언제나 뜨거운 김이 여름날 뭉게구름처럼 작은 지붕 위로 피어올랐다. 알고 보니 근동의 여러 마을에서 찾아올 정도로 소문난 집이었다. 우리끼리는 '할머니 국수' 로 통했다. 예비군 훈련이라도 있는 날이면 한꺼번에 손님이 들어차 이웃 살림집들까지 국숫집이 되곤 했다.

할머니는 젊은 나이에 홀로 되고 후손이 없었다. 소문으로 들은 이야기지만 먼 친척을 양자로 들였는데 그 양자가, 할머니가 뼈를 고아 모은 재산을 다 탕진하고 말았다던가.

할머니에게 국수는 그저 '국수 한 그릇' 이 아니라 할머니의 일생 그 자체였을 것이다. 자신이 만든 음식을 잊지 못하여 찾아오는 손님들에게 국수 한 그릇 내주는 것이 살아가는 기쁨이었으리라. 그것이 할머니 국수 맛의 비밀이 아니었을까.

내가 세 번째 학교에 근무할 때 할머니가 돌아가셨다는 소식을 들었다. 국숫집이 있던 자리에는 반듯한 양옥집이 들어섰고, 조금 남아 있는 국숫집 울타리 돌담이나마 사람들에게 할머니와 그분의 국수 맛을 기억하게 했다. 그렇게 자주 국수를 먹었으면서 왜 속 깊은 얘기를 나누지 못했을까. 그러기엔 내가 인생을 너무 몰랐던 때였다.

어느 날 남편과 할머니 국수 이야기를 하게 되었다. 그도 근처 경찰서에서 복무할 때 자주 먹었다면서 그 국수 맛을 그리워했다. 나는 가끔 할머니 흉내를 내 국수를 만들어 주곤 했다. 뼈를 오래 끓여야 하고 고기도 삶아야 해서 그걸 만드는 일이 쉽지 않았다. 하지만 할머니네 국숫집에서의 추억을 되짚어 가다 보면 어느새 국수가 만들어졌다. 남편은 후루룩 소리를 내며 국수 그릇에 코가 빠지듯 먹었지만, 할머니의 한이 섞여 푹 고아진 그 맛을 따라갈 수가 없었다.

할머니네 국숫집을 떠올리면 어느덧 나는 새내기 교사로 돌아가게 된다. 파릇했던 젊은 시절. 동학년 선생님들과 매일 껌처럼 붙어 다니던 일들이 국수 가락처럼 이어진다. 늦게까지 학교에서 일하고 골방에서 국수를 먹던 모습이 스냅사진으로 남아 있다. 잠시 허리를 펴고 문틀에 기대어 흐뭇하게 우리를 지켜보시던 할머니도 늘 거기에 계셨다.

추억 속의 음식은 그것에 얽힌 정을 건져 올리는 마르지 않는 샘물 같다.

오랜만에 할머니 국수를 만들었다. 국수 한 그릇 앞에 놓고 나는 또 추억에 젖는다.

선배 언니와 함께한
우리들의 7교시

1982년 2월 마지막 날. 학교 교문에 들어서니 ㄱ자로 길게 자리 잡은 1층 학교 건물이 보였다. 운동장 구석에 오래된 은행나무는 잎사귀를 떨구고 겨울바람을 견디고 있었다. 봄방학 중이라 운동장은 텅 비었고, 아이들이 없는 학교는 썰렁했다.

떨리는 마음으로 교무실 문을 열었다. '드르륵' 문 여는 소리가 유난히 컸다. 따뜻한 기운이 미니스커트를 입은 다리에 와 닿았다. 교사용 책상들이 ㅁ자로 놓인 가운데 난로가 있고 남자 선생님들 몇 분이 둘러앉아 이야기를 나누다가 나를 쳐다보았다.

"안녕하세요? 여기로 발령을 받아 인사 왔습니다."

인사를 하고 서류가 담긴 누런 봉투를 가장 나이 든 선생님께 내밀었다. 그분이 봉투를 열고 서류를 살피는 동안 잠시 어색한 침묵이 흘렀다.

"어머, 어서 와. 기다리고 있었어!"

복도 쪽 문을 열고 선배 언니가 교무실로 들어왔다. 언니가 그 학교에 있다는 걸 몰랐던 나는 너무나 반가웠다. 언니가 다가와 내 손을 잡았다. 양쪽 머리를 가늘게 꼬아 귀 뒤로 넘겨 핀을 꽂은 긴 머리에 하늘색 터틀 티를 입고, 보조개가 폭 파이게 웃는 언니가 《천국의 계단》에 나오는 앤 같았다. 나 때문에 일부러 출근한 것이었다.

언니는 나를 데리고 학교 구석구석을 안내해 주었다. 낡은 책상과 삐걱거리는 교실 바닥. 내가 국민학교 다닐 때와 별로 달라진 것이 없었다. 어느 교실 앞에서는 열애 중인 두 선생님 얘기도 들려줬다. 교실 뒤 게시판에 붙은 아이들 작품까지도 일일이 설명을 해 주었다.

교사 뒤에 꽤 넓은 과수원이 있고 귤나무도 제법 컸다. 꽃이 피면 교실 가득 귤꽃 향기가 퍼지리라는 생각. 나중에 부임해 오는 후배들에게 언니처럼 나도 해 주리라 생각했다.

언니와 나는 5학년과 6학년에 배정받았다. 각각 두 반씩이었는데 5학년은 총각 선생님과 선배, 6학년은 나와 사십 대 초반인 부장 선생님이었다. 나에게는 하늘 같은 선배였다. 우리는 퇴근 후에 자주 어울렸고, 늦게까지 환경정리도 하고 시험지 등사도 같이 했다.

당시 승용차나 다름없던 오토바이를 남자 선생님 두 분 다 가지고 계셨다. 낮이 길어진 어느 날부터 퇴근하면 오토바이 뒤꽁무니에 타고 낚시를 하러 갔다. 낚시 마니아였던 부장 선생님이 장비를 준비하고 우리는 몸만 가면 되었다. 총각 선생님 뒤에는 내가 타고, 부장 선생님 뒤에는 선배가 탔다.

학교에서 10분 거리에 있는 용머리는 낚시하기 좋은 곳이었다. 용이 되다 말았다는 용머리 해안 벼랑 아래로 검푸른 파도가 넘실댔다. 늘 우리가 가는 바위로 내려가 자리를 잡았다. 180만 년 동안 만들어진 화산 퇴적층이라니, 우리는 180만 년 전에도 살았을 고기를 낚고 있는 셈이었다. 선생님들이 미끼를 끼워 주면 나는 낚싯대를 드리우고 톡톡 입질을 할 때만 기다렸다.

"이곳은 내 구멍이야. 매일 여기서 낚시를 할 때만 열고, 끝나면 구멍을 덮고 가거든."

부장 선생님이 하는 말을 한동안 진정으로 믿었다. 낚싯대를 내리기만 하면 고기가 올라왔기 때문이다. 우럭인지 볼락인지, 어랭이, 자리돔 같은 것들을 익숙하게 회를 쳐서 접시에 담아 주셨다. 윤기가 도는 하얀 살을 초고추장에 찍어 먹으면 쫄깃쫄깃 바다 냄새와 함께 입안에 퍼지는 맛이 황홀했다. 싱싱하기도 했지만 분위기 때문에 더 유난한 맛이었을 것이다. 언니와 나는 먹기에 바빴고 남자 선생님들은 낚시에 더 열중이었다.

낚시를 하면서 학교에 전해 내려오는 전설 같은 이야기를 듣는 것도 낚시만큼이나 재미있었다. 술을 잘 드시는 교장 선생님 이야기, 집이 동네인데도 학교 숙직실에 살다시피 하는 문 선생님 이야기, 비둘기를 키워 매일 술안주로 잡아먹는다는 학교 급사 아저씨 이야기까지. 어쩐지 학교에 비둘기들이 참 많았다. 비둘기 고기맛은 어떨까 궁금하기도 했다.

하지만 나에겐 열애 중인 두 선생님의 이야기가 제일 관심을 끌었다. 그렇게 시간 가는 줄 모르게 놀다가 어두워져야 집으로 돌아가곤 했다.

어느 날 선배 언니가 심각한 얼굴로 우리 교실로 왔다.

"부장 선생님 사모님이 찾아왔었어…."

낮은 목소리로 말을 꺼내는 선배 언니의 얼굴에 핏기가 없었다. 나도 가슴이 철렁했다. 젊은 여선생들을 오토바이 꽁무니에 태우고 마을을 가로질러 바닷가로 내달았으니, 작은 시골 마을 사람들의 입방아에 오르내리지 않으면 이상한 일이었다.

그 일 때문에 커다란 눈을 껌벅거리며 당황해하였을 부장 선생님 모습이 떠올랐다. 순박한 그분을 난처하게 만든 것 같아

공범인 나도 미안해졌다. 앞으로 동네에서는 오토바이를 타지 않았으면 좋겠다고 완곡하게 말씀하시는 사모님 앞에서, 선배 언니는 너무나 미안하여 몸 둘 바를 몰랐다며 속상해했다. 조신하기로 소문난 사모님이 학교에까지 오셨다니. 우리는 지은 죄 없이 전전긍긍했다. 그 일로 인해 우리의 '낚시 시대'는 막을 내리고 말았다.

선배 언니와 같이 근무하는 3년 동안 매일 붙어다녔다. 책방, 음악실, 레스토랑 할 것 없이 서귀포를 휘젓고 다녔다. 커피도 마시고 정방폭포에서 사진도 찍고 언니네 집에서 음악을 듣고 수다도 떨었다. 언니네 집에서 자고 같이 출근하기도 했다. 우리 집을 아시는 교장 선생님이 버스에서 내리는 나를 보고 어디 갔다 오냐며 아버지같이 추궁을 하시는 바람에 어물거렸던 적도 많았다.

수업하다 궁금한 것이 있으면 언제나 언니에게 달려갔다. 손재주가 많은 언니가 만든 수업자료를 나는 날걸로 많이도 썼다. 나는 아이디어를 내놓고 언니는 만들고. 일종의 팀티칭이었다.

교사로 발령날 때 아버지는, 학교는 보호막이 많지만 사회는 그렇지 않다며 사회인이 되는 딸을 긴장하게 하셨다. 내가 생각하는 사회인이란 드디어 내 마음대로 해도 되는 때가 온 것을 의미했다. 나의 인생을 계획할 수 있는 멋진 시간만이 기다리고 있는 자유로운 세상. 그 근사한 해방감 속에 감추어진 무겁고 냉철한 책임과 의무는 염두에 두지 않았다.

사회에 첫발을 디딘 나를 행복하게 만들어 준 사람이 바로 선배 언니였다. 언니는 나에게 아름다운 세상의 모습을 보여 준 사람이다.

누군가로 인하여 세상이 아름답게 보인다면 그것처럼 큰 사랑을 베푼 것은 없을 것이다. 나는 언니에게 큰 사랑을 받았다.

채시라를 많이 닮은 언니. 그림도 잘 그리고 재주도 많았던 언니. 아이보리색 앙고라 티셔츠에 짙은 베이지 통바지를 멋스럽게 입고 환한 웃음을 짓던 언니 얼굴이 보인다. 삼십이 년 전 그 모습 그대로.

첫 부임지를 생각하면 지금도 행복한 그림이 떠오른다. 운동장의 오래된 은행나무, 삐걱거리는 교실 복도, 소풍 가서 우리 반만 숨어 유행가에 맞춰 춤을 추던 한때, 늦도록 환경정리 하느라 교실에서 선배와 웃고 떠들며 가위질을 하던 그 시간. 교무 선생님이 치던 풍금 소리, 그리고 자칫 치정으로 번질 뻔한 우리들의 7교시.

다시 그때로 돌아가 언니와 7교시를 해 보고 싶다. 하지만 이미 수업 종은 울리고 말았다. 너울대는 파도 속에는 물고기들이 낚아 줄 날을 기다리며 입질하고 있을 텐데…. 그동안 지층은 얼마쯤 쌓이고 또 깎이기도 했을 텐데….

어느 택시기사의 넋두리

시어머니 팔순에 집안 가족이 모두 모이기로 했다. 공항에 내리자마자 택시를 탔다. 아들은 앉자마자 휴대폰을 꺼내들었고, 앞자리에 앉은 남편은 조용히 창문을 내렸다. 연세가 있으신 기사 아저씨는 마른 체격에 말수가 적어 보였다.

"어떵허영 와졈수광?"

조용한 차 안에 살아 있는 제주의 공기가 가득 퍼지는 듯했다. 내 예상과는 달리 아저씨는 남편의 이야기를 듣자마자 마치 조준한 채 적군이 나타나길 기다리고 있던 군인처럼 사정없이 제주어를 난사했다.

"아이고, 팔순 효도허래 왐쑤광."

아저씨는 우리가 대답을 하거나 말거나 속사포처럼 쏟아냈다.

잘 햄쑤다. 육지 가불민 어떵 부모님 볼 말이꽝게. 살앙 이실 때 자주 와사주마씸. 게난, 오쟁 허민 비행기 값이영 조고만이 듭니깡.

그래도 와야지요. 허허허. 일 년에 서너 번은 꼭 옵니다.

얼른 제주어로 호환이 되지 않은 남편. 잠시 침묵. 제주 땅값이 많이 올라 좋으시겠어요.

제주 땅마씸, 아이고 말도 맙서. 땅 값 올랐쟁 허난 너도나도 땅 폴아신디, 돈은 쓰쟁 덤비민 후딱 어서지고, 그 땅 폰 돈으로 다시 땅 사집니깡. 홈치 못 사 마씸. 그 돈 때문에 집집마다 싸움 안 난 집이 었수다. 아이고, 난 그 꼴 안 보쟁 양, 있는 거 다 모교에 기증해 부렀수게.

기증했다는 말을 할 때는 아저씨의 목소리에 후련함이 묻어났다. 예사로운 분이 아니라는 생각이 들었다. 나는 읽을거리를 슬그머니 내려놓고 아저씨 말에 귀를 세웠다. 익숙한 고향 말이지만 이렇게 곱씹으며 들어보기도 오랜만이었다. 제주어가 소곤소곤 말하면 아주 리드미컬한 언어라는 생각을 했다.

정말 대단한 결정을 하셨네요. 남편의 말에 아저씨는 단호한 목소리로 대답했다.

저마씸? 하나도 대단허지 않아 마씸. 그거 때문에 아이들 싸

움박질 헐건디, 나 성질에 그 꼴 못 봐 마씸. 할망은 새끼들 줘 시민 해도. 그렇다고 할망 말을 안들을 수가 어서마씸. 환장허쿠다. 이혼허고 싶은 심정이라마씸 진짜. 나 그 돈 가졍 죽을 때까지 아무 걱정 없이 편안하게 살 걸.

아내의 말이 마땅치 않은 아저씨의 마음이 이해가 되었다. 고향에 올 때마다 땅 분배 때문에 어느 집이 분란이 났다는 말을 심심치 않게 들었기 때문이었다. 아저씨는 한숨을 쉬고 뒤를 돌아보더니 나를 보고 말한다.

우리 아지망이랑 경허지 맙서양. 진짜 아방안테 잘 해야 됩니다, 양. 나이 오십되곡 육십 넘엉 나무리문 진짜 안되마씸.

갑자기 아저씨가 목소리를 높였다.

아, 진짜 우리 할망은 날내무려가지고…. 몰르지 않주마씸 그 박봉에 쪼개영 집 장만 허곡 아이들 다 교육시키곡. 진짜 고맙주마씸. 경허난 곧치 사는 거주마는.

아저씨는 아내의 젊은 날을 안타까워했다. 힘든 생활을 잘 이겨 낸 것에 대한 고마움이 가득 묻어난 목소리였다. 나도 울적해져서 창밖을 내다보았다. 복닥거리며 살아온 지난날들이 떠올랐기 때문이다.

차창 밖은 말없이 흘러갔다. 가을을 기다리는 억새들이 바람에 흔들렸고 들판에는 크고 작은 오름이 편안하게 쉬고 있었다. 멀리 보이는 바다가 섬이 두른 파란 머리띠 같았다. 육지에서 사업을 하다 망해서 제주로 내려와 쓸모없는 돌밭 수십만 평을 헐값에 사고, 그림 같은 광활한 정원을 가진 어떤 분이 떠올랐다. 거기서 나오는 돌을 다듬어 조경석으로 팔고. 그는 지금 억만장자가 되었겠다는 생각. 갑자기 아저씨가 격앙된 목소리로 말한다.

경헌디, 좀 편안하게 놔둬야 허주 마씸. 지만 고생 햄수광? 나도 고생 햄주.

아저씨가 말할 때마다 웃는 우리를 보고 아저씨는 심각해졌다.

아, 이거 웃을 일 아니우다. 이제꼬지 할망안티 못헌 거 엇수다. 아 진짜 헛말 아니우다. 경허민 영 골아야 헐꺼 아니꽈?

"당신도 그동안 고생 해시난 이젠 편안하게 허고 싶응거 허멍 살아."

아, 처음엔 경헙디다게. 경허단, 우리 동문들이 직장 퇴직허곡 집이 놀민 뭐해 허멍 차사그네 돈 벌엄쟁 허난 아, 그 말에 귀가 오짝 해그네 양.

"당신 차 사, 차 사."

직장 다닐 땐 양, 나중에 미국도 여행허곡 유럽도 한 달 동안

다니겡 허던 사람이 경 달라 질 수 있수광? 돈이 뭣산디.

"이제 10년만 고생허여. 백세 인생인디, 나이 예순에 일 그만 둬 놀민 사람 안 되여."

영허지 안 험니깡. 아이고 첨…. 기가 막형 예. 아이구, 돈 행 뭐 헐 것산디. 죽을 때 금딱지 관 해영 갈 것도 아니고. 첨 나. 할망 말이 맞긴 맞는 말인디 양.

친구들 말에 솔깃한 아내분이 아저씨 옆에 다가가 사분사분 꼬드기는 것을 생각하니 참을 수 없이 웃음이 터졌다. 아저씨의 말은 점입가경이었다.

더 웃긴 건 양, 일허당 점심때 되민 밥 먹으래 가쟁 허영 전화 헙니께.

"집이 이서? 어디 간?"

"집에 왕 밥 취령 먹어. 손이 어서 발이 어서? 나 지금 모임 나와신디."

영헙니다. 아이고 정말. 완전히. 여성이 대통령 되더니 지도 대통령인 줄 알암신디 원. 일 허는 사람 생각행 놀당이라도 왕 점심이라도 줘얄거 아니꽝. 차 상 일허랭 해놓고 진 놀래만 다니곡. 직장생활 헐 땐 막 잘 허영 고분고분 말도 잘 들어신디, 그만 두난 양, 사람이 그렇게 변해 붑디다.

그는 깔깔거리는 우리를 제지했다.

아, 웃을 일 아니라마씸. 모임이 어떵사 많은디 나보당 더 바빠마씸. 머 갑장모임이니, 무슨 동우회니, 뭐 한 달이믄 몇 번사 이신디. 에이, 차를 사주지 말아야 허는디, 차 사줘부난….

이어폰으로 질끈 귀를 막고 휴대폰 음악을 들으며 발을 까닥거리던 아들도 언제부터인지 고개를 들고 같이 웃고 있었다.

진짜 웃을 일이 아니우다. 나도 양. 결혼 허쟁 허난 직장생활 했주, 직장도 안 가쟁 했수게. 아, 가정 가지고 애기가 태어나난 직장 안가질 수가 있수광? 아이구 직장생활, 조직생활…. 지금 허랭 허민 절대 못허주마씸. 외곽으로만 17년 넘게 다녔수게. 고등학교만 나왔댕 만년 계장으로 예, 변두리로만 보내 붑디다. 진짜 설움 엄청 받았수다. 무릎 세 번 꿇었수다.

차 안은 숙연해졌다. 아저씨의 목소리는 떨리기까지 했다. 식구들을 책임진 가장이 직장에서 밀려나지 않으려 발버둥치는 말단 공무원의 슬픈 등이 떠올랐다. 인사이동이 있을 때마다 얼마나 가슴을 졸여야 했을까. 우리는 더 이상 웃지 못했다.

선생님도 아지망안티 잘 해삽니다. 경해야 대접 받아마씸.

아저씨가 하는 말을 들으며 남편은 나를 돌아봤다.

아지망도 잘 해야 되쿠다.

저도 잘 해요.

나는 기어드는 목소리로 말했다.

지금 잘 허는 거 소용 없수다. 우리 할망도 양 절 멋을 때 잘 했수다.

자제분들이 용돈 좀 안 주나요?

자식들마씸? 아이고 난 손 안 벌립니다. 난 성격이 경해마씸. 난 너네안티 집도 해 주고 해 줄거 다 해줬으니까 나머지는 니네가 알앙 허곡 니네 인생 너네가 알앙 해라, 딱 했수다. 경헌디 우리 할망은 그게 아니라양. 어떵허영 호꼼이라도 새끼들헌티 더 주쟁 허는디, 그건 새끼들 배리는 일이다, 의지허지 말앙 지네 스스로 살게 만들어야지. 부모에게 있다고 기대불민 됩니깡?

차 안의 분위기는 점점 가라앉았다. 아들은 이제 완전히 기사의 말에 집중하고 있었다. 자식이라면 어떻게 해야 하는지 아저씨 말에 동의하는 눈빛이었다. 아저씨가 아들 들으라고 하는 말 같았다. 아저씨는 한숨을 쉬었다.

에구, 아들 무슨 소용 있수광. 요거 컹 장개가민 손지들이영 오순도순 살아질까 허는 꿈도 이서신디예, 막상 그게 아니라마씸. 현실은 그게 아니지 않으꽝? 이해는 헙니다. 이해 허멍도 자식은 키웡보난 예, 한 치 건너마씸.

우리가 할 말을 아저씨가 미리 하는 것 같았다. 아들은 몸을 뒤척인다. 마치 무언의 다짐을 우리에게 보내듯. 내 자식도 다르지 않을 것이다. 자식들과 오순도순 사는 것이 어른들이 가진 가장 큰 기쁨일 텐데. '자식이 잘 되어야 부모가 행복한 것'을 늘 말씀하던 아버지 얼굴이 떠올랐다. 오늘 우리는 아들, 메누리로 여기에 온 것이다.

할망이 최고우다. 할망허고 싸우멍 틀으멍 해도, 자식이 와그네 등 긁을꺼꽝? 메누리가 왕 등긁어 줍니꽝? 아이고, 말 곧당보난 다 와싱게마씸.

아저씨는 속도를 줄이고 갓길로 차를 댔다. 대단한 분 만나 즐겁게 왔다며 조심히 가시라고 인사를 했다. 아들과 같이 짐을 내리는 남편을 물끄러미 바라보았다.

할망 말 듣는 것이 최고주마씸. 나이 먹어 가난 예, 나가 이상케 꼬리 내려지더라고.

그 말에 비탈진 언덕을 힘주어 오르는 황소의 높게 세운 꼬리가 스르륵 풀리는 모습에 웃음이 나면서도 곧 서글퍼졌다. 아들도 남편도 나도 어둠 속으로 사라지는 불빛을 한참 동안 바라보았다.

– 그때 우리를 태우고 가신 기사님께 고마움을 전합니다.

흐르는 것이 물뿐이랴
우리가 저와 같아서
강변에 나가 삽을 씻으며
거기 슬픔도 퍼다 버린다.

– 정희승 〈저문 강에 삽을 씻고〉에서

흐르는 것이 강물뿐이랴

낯선 풍경과 마주하면 설렌다. 모르는 사람들과 만나는 것도 기대된다.

몇 년 전 북유럽 여행은 인원이 많아 마치 수학여행 같았다. 당연히 일도 많았다. 이상하게 사람들은 버스만 타면 잤다. 차창으로 다가오는 낯선 풍경들을 나는 지나칠 수 없었다. 닥터 지바고의 자작나무 숲을 보내고 나면 고흐의 밀밭이 밀려오고, 밀밭이 밀려가면 르네 마그리트의 구름이 내려왔다. 창밖을 보랴, 사람들 관찰하랴 내 머릿속은 분주했다. 날씨마저 변화무쌍했다. 맑았다가, 흐렸다. 그러다가 느닷없이 비가 왔다. 그때마다 풍경도 흘러가고 내 생각도 흘러갔다.

뒤에 앉아 사람들을 관찰하는 내 버릇은 이번 여행에서도 어김이 없었다. 일행 중에 여섯 분의 언니들과 노부부가 특히 눈에 띄었다. 언니들은 사투리를 진하게 쓰고, 날마다 꽃무늬 바지와 원색을 즐겨 입었다. 신발과 모자까지도 꽃무늬 일색이었다. 해마다 모여서 여행을 한다며 웬만한 여행지는 다 다녀온 이들이었다. 남편과 떨어져 앉은 이를 보고 누군가 이참에 놓고 가라는 농담을 했다. 그 말끝에 한 여인이 큰 소리로 말했다.

"아직은 쓸 만혀. 신랑 두고 가면 클난다이."
"난 여행 올 때 신랑에게 백마넌 주고 왔당께."
"백마넌 싸다. 데불고 오려고 해바라, 수백마넌 든다아이가."
"난 삼십만 원 주고 왔어. 갈비탕 값."
"아니, 여행 가는데 돈을 받아와야지, 왜 주고 와?"

질펀한 우스갯소리에 버스 안은 유쾌한 웃음으로 가득했다. 그들은 여행 내내 일행을 즐겁게 해 주었고, 노부부는 살아온 세월만큼이나 이야깃거리도 많이 만들었다.

헬싱키로 이동하는 아침. 로비에서 만난 어르신은 간편 한복을 입은 남편에게 편해 보인다며 말을 걸었다. 한마디라도 주고받으면 금세 친해지는 것이 동행이다. 해서 같이 앉아 식사를 할 때가 많았다.

칠십 대 초반인 그는 아내와 열 살이나 차이가 났다. 강단 있는 몸은 꼿꼿하고 눈빛이 날카로웠다. 몇 번 죽을 고비를 수술로 넘기며 몸이 많이 상했지만 운동으로 지금껏 유지한다고 호기롭게 자랑할 때는 젊은 시절 모습이 어땠을지 짐작이 갔다. 크루즈에서도 술을 사서 마실 정도로, 하루를 술로 시작하고 마무리했다.

당연히 말도 많았다. 특히 아내 이야기를 많이 했다. 젊었을 때는 부르기만 해도 달려와 무릎을 꿇고 받들더니 지금은 승냥이야, 라는 말을 여러 번 했다. 그분이 한 말들을 종합해 보면 권위적인 남편 앞에서 숨죽이고 살았을 아내의 날들이 그려졌다.

나이에 비해 젊어 보이는 그의 아내는 작은 체구에 눈매가 깊고 조용했다. 그녀는 그림자처럼 남편을 보살폈다. 남편의 말에 씁쓸하게 웃을 때는 안개 낀 강가에 흔들리는 풀 같았다. 지나치게 말이 많은 남편에게 가끔 힘주어 제지하다가도 때론 말없이 수프만 떠 마셨다.

덴마크 왕궁 관광을 끝내고 점심을 먹을 때였다. 음식 접시를 들고 있던 그분이 카메라가 없어졌다고 허둥댔다. 유럽 전역에 관광객을 가장하고 동양인을 노리는 난민 소매치기가 극성이니 주의하라는 말을 듣자마자 벌어진 일이었다. 일행이 같이 식사를 하고 있었는데도 어느 순간 옆에 있던 카메라가 없어진 것에 우리도 어안이 벙벙했다. 고가의 카메라에 들어 있는 지금까지의 여정도 함께 사라지고 말았다.

하지만 그의 아내는 남편을 외면하고 조용히 식사를 했다. 그녀 안에서 일어나는 화가 진폭震幅처럼 테이블을 건너 나에게까지 전해 왔다. 카메라를 잃어버린 잘못이 우리에게도 있는 듯 더 이상 쳐다볼 수 없었다. 접시 가득 가져온 유기농 야채도 싱싱하지 않아 보였다.

밖으로 나오는데 그녀가 혼자 하늘을 바라보고 있었다. 속상하시겠어요, 했더니 허탈하게 웃었다. 그렇지 뭐, 체념한 모습이었다. 눈부신 덴마크 하늘에는 솜털 같은 구름이 떠 있었지만 그 웃음이 바스러지는 낙엽 같았다.

정해진 여행은 계속되었고, 그녀의 남편은 가는 데마다 관심을 모았다. 버스를 타야 할 시간에 오지 않아 찾으러 다니기도 했다. 그녀는 남편을 더 이상 챙기는 것 같지 않았다.

노르웨이 게이랑에르로 갈 때였다. 신이 손톱으로 긁어 놓았다는 피요르드는 곳곳이 호수였고 인간의 흔적이 없는 천연 그대로였다. 바람에 물결이 일면서 반짝였다. 평화로웠다.

중간쯤 앉았던 그분이 갑자기 일어나더니 기사에게 갔다. 돌아오는 그의 얼굴은 창백하게 일그러졌다. 잠시 후, 그의 아내가 앞으로 가더니 가이드에게 소곤거렸다. 잔잔한 밖과 달리 버스

안은 팽팽해졌다. 뒷자리 언니들과 농담을 하던 우리는 뭔가 심상치 않은 일이 일어난 것을 알아챘다. 기사는 어딘가 차를 세울 곳을 찾았지만 갓길에 대형버스를 대기엔 길이 너무 좁았다. 게다가 다른 차들이 지날 수 있도록 해야만 했기 때문에 여차하면 강물에 빠질 수도 있었다. Norway가 아니라 No-Way였다.

간신히 풀과 나무 사이에 차를 세웠다. 그분이 내렸고 아내도 따라 내렸다. 차 트렁크를 여는 소리. 닫는 소리. 나는 일어나 차창 커튼을 쳤다.

각자가 그들의 심정이 되는 시간. 아직 여행 초반인데. 이 상황에서 여행을 계속할 것인지, 아니면 다른 선택을 할지. 그것은 '예상치 못한 사고' 였고, 누구에게나 일어날 수 있는 일이었다.

버스에 다시 올라온 부부는 자리를 정리했다. 사람들은 그들에게 시선을 거두어 주었다. 얼굴 혈색은 다시 찾았으나 그는 눈을 내리깔고 의자 속으로 파고들었다. 그대로 작아져서 먼지가 되기라도 할 것처럼.

머나먼 노르웨이 강까지 와서 몸을 씻어야 했던 남자. 그대로 물방울이 되어 강물 따라 흘러가 버리길 원했을지도 모른다. 머나먼 노르웨이 강까지 와서 빨래를 해야 했던 여인. 그녀는 남편까지도 헹구고 싶었을 것이다. 지나온 세월이 다시 살아났을 것이다. 버스에서 내다보고 있을 시선을 뒤통수에 느끼며 그냥 그대로 강물에 뛰어들고 싶었을지도 모를 일이었다.

버스는 사연을 싣고 계속 달렸다. 솔베이지 노래가 비장하게 흐르고 있었지만 사람들은 다시 잠이 들었다. 그분도 숨듯 잠이 들었다. 잠든 남편을 살며시 밀어내고 비어 있는 뒷자리로 오더니 그녀도 ㄷ자로 오그린 채 잠이 들었다. 그때야 그녀의 얼굴을 찬찬히 볼 수 있었다. 모든 것을 초연한 얼굴. 인생을 달관한 모습이었다. 차창으로 지나가는 호수가 그녀의 얼굴에 고였다가 사라졌다. 햇살에 밝아졌다가 구름에 흐려지기도 했다. 한 줌밖에 안 될 것 같은 몸.

그렇게 시간은 흐르고 우리는 낯선 풍광을 즐기며 마음속에 고여 있던 생각을 밀어내고 새로운 추억으로 채워 넣었다. 모두는 서서히 망각의 강물 속으로 흘러가고 있었다.

지나고 나면 아무 일도 아니었다. 그 순간은 살이 찢어지는 고통일지라도 시간이 흐르면 아픔도 수치도 희미해지게 마련이다. 흘러가는 것은 강물뿐이 아니었다.

노부부는 아무 일도 없는 것처럼 모든 일정을 마무리했다. 남편이 두 분 사진을 찍어 줄 때마다 그들은 해맑게 웃었다. 나는 페르 귄트와 솔베이지의 사랑이 자꾸 떠올랐다.

여행지에서 스친 사람들

열흘이 넘는 시간. 누군가와 많이 가까워질 수 있는 충분한 시간이다. 낯선 여행지에서 낯선 사람과 서로 내면을 탐색하는 경험은 즐거운 일이다. 여행하는 동안 잠깐 스치는 인연이지만 기억에 남는 얼굴들이 있다.

루쓰 Ruth

루쓰는 칸쿤에 있는 체첸이트사에 갈 때 가이드 보조를 해 준 메스티소 여인이다. 큰 눈에 적당히 살집이 있고 가무잡잡하니 성격이 좋아 보였다. 웃을 때마다 흰 이가 도드라졌다. 그녀는 나만 보면 아주 크게 웃었다. 웃음소리가 하도 크고 독특해서 나도 저절로 따라 웃게 되었다. 그러면 그녀는 더 크게 웃었다. 버스에 있던 외국인들도 우리를 보고 같이 웃었다. 무엇을 줄 때마다, 눈이 마주치기만 해도 그녀는 큰 소리로 웃었다. 왜 웃냐고 물었더니 또 웃었다.

스페인 식민지 시절 흔적이 고스란히 남아 있는 바야돌리드에 점심을 먹으러 들렀다. 맑은 하늘에 뜬 흰 구름. 알록달록한 건물 위로 햇살은 빛나고 그 동네에 루쓰가 산다고 한다. 참 좋은 동네에 사네, 그런 이야기를 하며 우리는 또 웃었다.

점심 먹고 근처 바야돌리드 공원에 앉아 모이를 쫓는 비둘기들, 한가하게 해를 즐기는 사람들을 구경하고 있었는데 루쓰가 급하게 지나갔다. 캐리어를 끌고. 루쓰는 우릴 보고 환하게 웃으며 손을 흔들었다. 우리도 손을 흔들며 웃었다. 돌아가는 버스에서 만나지 못해 아쉬웠다. 글을 쓰다가 사진 속의 루쓰를 보니 그녀의 웃음소리가 옆에서 들리는 것 같다.

브라질 언니들

이집트 크루즈는 오전에 관광을 하고 오후에는 선상에서 시간을 보낸다. 매일 오후 3시부터 티타임이 있고 저녁마다 선상에서 행사가 열렸다. 그날 저녁은 이집트 전통 복장을 입고 즐기는 갈라베야 파티가 있었다. 우리는 푸른색과 하늘색 천에 히에로글리프가 금박으로 새겨진 스카프를 3달러에 사 놓았다. '후르륵 옷' 갈라베야를 입으려면 모자와 구슬 달린 목도리도 필요하기에 간단한 것으로 파티 준비를 끝냈다.

남편에겐 터번을 만들어 씌워 주고 나는 히잡으로 썼다. 외국인들과 같이 춤을 추다가 무리 짓기 게임도 하면서 아무나 껴안고 놀다보니 친해졌다. 한 여인이 우리 자리로 오더니 음료를 마시며 말을 붙였다. 친구들과 함께 브라질에서 왔다고 한다. 다들 나이가 있어 보였지만 홍조 띤 얼굴은 흥이 가득했고, 웃음소리가 끊이질 않았다.

나중에 선상에서 다시 만났을 때 어젯밤에 우리 놀았던 이야기를 하며 이웃집 언니처럼 친해졌다. 언니들은 다음날 브라질로 떠난다고 한다. 아쉬운 마음이 들었다. 우리는 자연스레 허그를 했다.

이집트 승무원

에티하드항공 승무원들은 참 예쁘다. 아부다비에서 카이로로 가는 비행기에서 본 스튜어디스는 굉장했다. 그녀 이름을 카르멘이라 해야겠다. 그게 어울린다. 아랍인 특유의 눈매와 얼굴에서 풍기는 모습이 신비롭다. 가무잡잡한 피부에 긴 속눈썹, 짙은 아이라인 화장을 한 동굴같이 깊은 눈, 새까만 머리, 반짝이는 립그로스를 바른 입술로 웃을 때는 흰 이가 기막히게 매력적인 여자였다. 스페인 안달루시아의 정열에다 이집트의 고대적인 아름다움에 인도풍의 신비함을, 그리고 북아프리카의 태양빛이 골고루 섞인 거대한 몸을 가진 파라오의 여인 같았다. 이집트 역사에 나오는 네페르티티 초상화에서 본 얼굴과 겹쳐진다. 커다란 입에 가득한 웃음으로 서빙할 때마다 넘치는 에너지와 낙천적인 성격에 우리는 기분이 좋아졌다.

"유경이 닮았지?"

남편의 뜬금없는 한마디. 유경이는 눈이 크고 키가 큰 조카다. 그녀는 조물조물 소리 없이 음식을 참 맛있게도 먹고 잘 웃는다. 도무지 슬픔이나 우울함과는 거리가 먼 아가씨다. 경상도 사투리로 끊임없이 이야기를 하는 그녀를 보기만 해도 유쾌해진다. 그러고 보니 진짜 많이 닮았다. 웃는 모습을 보기만 해도 기분이 좋아져서 나는 자꾸 쳐다보게 되었다.

화장실 앞에 줄을 서 있는데, 승무원 둘이서 식사를 준비하고 있었다. 이어폰을 끼고 음악에 몸을 맡긴 채 흥을 내었다. 카르멘이 나와 눈이 마주치자 급기야 춤을 추며 노래까지 불렀다. 우리는 같이 웃었다.

다음에는 물을 마시러 갔다. 물은 핑계고 아마도 그녀를 또 보러 갔을 것이다. 아까는 내가 먼저 웃었지만 이번에는 그녀가 내게 말을 걸었다.

"마담, 이 화장품 사실래요? 오늘 단 하루만 세일이에요."

환타맛, 콜라맛, 오렌지맛 립그로스 세트였다. 난 립그로스를 쓰지 않는다며 웃기만 했다.

한참 책을 읽고 있는데 그녀가 물건들을 들고 와서는 향기가 좋다고 한다. 그러더니 커다란 몸을 굽혀 내 귀에 대고 속삭였다.

"키스할 때 좋아요."

그 말에 옆자리를 가리키며 남편이라고 했더니, 그 큰 눈을 더 크게 뜨며 웃는다. 저녁에 써야겠다고 하며 우리는 한참을 또 웃었다. 비행기에서 내릴 때 그녀는 다른 일을 하고 있었는지 보이지 않았다. 마지막 인사를 못한 것이 못내 아쉬웠다. 다시 에티하드항공을 탈 때 만났으면 좋으련만.

패트리샤 두에나즈 루이즈 Patricia Duenas Luiz

패트리샤는 쿠바의 가이드다. 눈이 크고 선해 보이는 통통한 사십 대 여인이다. 처음 만났을 때 우리말이 어눌하여 좀 실망스러웠는데 기우였다. 진심을 다해 안내했다.

그녀는 김일성대학에서 무용을 전공했다고 한다. 아버지가 외교관이어서 북한에서 6년을 살았단다. 외교관의 딸로 그렇게 공부를 한 그녀가 왜 가이드를 하는지 나는 얼른 납득이 가지 않았다. 한데 일행 중 한 분이 우리가 생각하는 가이드가 아니라 아주 좋은 직업이라고 했다.

그녀의 아들은 아홉 살 때부터 발레를 배우기 시작하여 지금은 쿠바 국립발레단원으로 활동하고 있다고 한다. 아직 주연 발레리노는 아니지만 세계 여러 나라를 돌아다니면서 공연을 하고 있단다. 엄마는 쿠바 밖으로는 나가본 적이 없는데 아들은 그렇다며 휴대폰에 저장되어 있는 아들 사진을 자랑스럽게 보여 주었다. 발레리노의 탄탄한 근육을 드러내고 군무를 하는 중에 도약하는 모습이었다.

쿠바는 교육이 무상이다. 의료도 무상이다. 원하면 무엇이든 배우고 공부할 수 있다. 그렇게 무상으로 공부한 애들 중 일부는 '돈 때문에 외국으로 도망친다'고 패트리샤는 웃었다.

패트리샤가 말하는 한국어가 아주 사랑스러웠다.

"말레꼰에 '힘 있는 태풍'이 오면 물이 넘쳐요."

"다섯 시 후에는 수영을 못해요. 수영장 물에 약 발라요."

"1959년 1월 1일 산티아고 데 쿠바에서 혁명이 완성되었서요. 비밀적으로 들어왔서. 그란마호를 타고. 미사일 때문에 쿠바 혼자 남았서. 미국 이제 쿠바 잡을 수 있서. 그래서 쿠바 많이 힘들었어."

"이 약은 올라오시는 콜레스테롤, 암병 주사에 써요. 저 약은 '피 안에 설탕이 많은 사람' 먹어요."

당뇨병 이야기를 할 때는 우리 모두 배꼽을 잡았다.

나는 그녀가 좋아졌다. 만일 한국에 올 기회가 있으면 꼭 연락하라고, 밥 한끼 대접하겠다고 했다. 그녀는 웃으며 명함에 개인 메일 주소를 적어 주었다.

돌아와서 한참 지나 그녀에게 메일을 보냈는데 전달되지 않았다. 그녀의 회사 메일로 했더니 어느 날 아침, 메일이 왔다.

잘 지내세요? 한국 잘 갔습니까?

이메일 잘 받았습니다. 감사합니다.

저는 잘 지내고 있어요.

쿠바는 저번 주에 태풍 와서 비가 많이 왔습니다.

지금은 날씨가 아주 좋습니다.

많이 더워요…

저는 계속 한국팀과 일하고 있습니다.

다음에 쿠바 꼭 다시 오세요.

건강하세요.

Chao chao

'Chao chao'를 보니 그녀의 얼굴이 보이는 듯했다.

선하게 웃는 패트리샤. 그녀에게서 풍족하지 않지만 행복하게 웃는 쿠바인들을 보았다. 진짜 행복이 무엇인지 생각하게 하는 만남이었다. 한국에 꼭 왔으면 좋겠다. 아니, 쿠바에 다시 가서 그녀를 만나보고 싶다.

메스티소 여인에게서 원주민의 웃음을, 브라질 언니에게서 열정적인 브라질리언을, 카르멘에게서는 파라오의 여인을 상상하게 했다.

말이 통하지 않아도 같이 웃고 춤추고 즐기면 이웃처럼 가까워진다. 만국의 언어가 춤과 노래와 웃음 아닐까. 내가 만난 여인들 모두 푸짐한 웃음으로 나를 행복하게 해 준 사람들이다. 여행지의 기억을 더 특별하게 해 준 그녀들이 그리워진다.

피라미드, 피라미드, 피라미드

이집트에 간다. 나일강을 따라 유적지를 돌며 고대 문명의 근원 앞에 서보려 한다. 수천 년 전 이집트인들의 숨결을 조금이나마 느낄 수 있을까. 카이로에 도착했을 때부터 멀리 보이는 피라미드가 나를 설레게 했다.

다음날 피라미드 세 개와 스핑크스가 있는 기자Giza 지역으로 갔다. 사진이나 영화로 본 피라미드와 직접 만나는 것과는 어떻게 다를까.

피라미드 앞에 섰다. 인간이 만든 미스터리 앞에서 경탄보다 나를 당혹하게 한 것이 따로 있었다. 태양은 찬란하고 모래바람도 없었지만, 훅 풍겨오는 낙타 배설물 냄새, 간이화장실 냄새. 밀려드는 관광객을 어쩌지 못했나 보다.

시야를 가로막는 쿠푸 왕의 피라미드는 대단했다. 태양신에

닿으려 했던 파라오의 파워. 많은 사람들이 피라미드 돌에 앉아 사진을 찍고 있었다. 가까이 가지 못하고 한참 서 있다가 천천히 다가가 피라미드 첫 단 위에 올라섰다.

돌 위에 가만히 손을 얹었다. 거칠고 서늘했다. 바윗덩어리를 들어올리는 함성 소리가 들리는 듯했다. 어깨 위에 맨 밧줄로 돌을 끌어 옮길 때 얼마나 많은 이들이 살갗이 벗겨지고 목숨을 잃었을까.

피라미드 내부로 가는 통로는 급경사에다 비좁아 등을 굽혀야 올라갈 수 있었다. 그 옛날 도굴꾼들이 뚫어 놓은 끝을 알 수 없는 길. 내려오는 푸짐한 라티노Latino라도 만나면 딱정벌레처럼 벽에 붙어 서서 지나가길 기다려야 했다. 사람들은 끝없이 내려오고 온몸에 땀이 흘렀다. 쿠푸 왕을 만나러 가는 길은 길고 험했다.

드디어 도착한 석실. 피라미드 무게 중심. 그곳에는 벽화도, 미라도, 히에로글리프도 없었다. 텅 빈 내부에는 깨진 빈 석관만 덩그러니 놓여 있었다.

어디든 기대하고 가면 실망이 크다. 전실, 후실, 기둥, 벽화, 관 같은 것들을 볼 수 있으리라 기대했는데, 귀퉁이가 깨진 석관만 가만히 만져보았다. 이집트의 수많은 파라오들의 무덤과

귀중한 유물들을 도굴당한 안타까운 수난사가 떠올랐다. 유물들은 고고학 박물관에 가서 보기로 하고 아쉬운 마음으로 내려왔다.

조금 떨어진 곳에 왕비의 무덤은 무너지다 남은 채 행색이 초라했고, 피부가 벗겨진 채 서 있는 카프라 피라미드는 꼭대기 부분만 핑크빛 대리석이 남아 있었다. 모스크를 지으려고 뜯어가지 않았다면 이집트의 강렬한 태양 아래 사막 한복판에서 얼마나 찬란하게 빛났을까.

피라미드가 의미하는 또 다른 사실을 건축가 유현준의 〈도시와 건축〉이라는 칼럼을 읽고서 알게 되었다. 멀리서도 보이는 거대한 건축물은 지도자의 권력을 상징한다. 피라미드를 만든 것은 사회적 통합의 목적과 더불어 생존을 위한 과시라고. 엄청난 규모의 위용에 놀라 감히 넘보지 못할 피라미드는 결국 오늘날 핵무기와 다를 바 없다는 것이다. 북의 젊은 지도자가 자주 핵실험 영상을 전 세계에 내보내는 것 또한 그런 맥락이라는 것이다.

피라미드 앞에서 나는 인간을 생각했다. 4500년을 견뎌 왔고 앞으로도 몇 천 년을 더 버틸 건축물을 땅 위에 세운 인간의 능력. 대부분 거대하면 아름답지 못하고 아름다우면 규모가 크지 않은 법인데, 동시에 둘을 만족시킨 거의 모든 학문의 정밀한 집합체라고 한다.

나일 강이 범람하는 농한기에 또 다른 일자리를 제공하는 효과도 있었다고는 하나, 나는 백성들의 고혈을 짜낸 지도자의 무모함만을 생각했었다. 피라미드를 건설하며 흘렸을 이집트인들의 땀과 피, 짓물렀을 손과 발, 그들의 눈물을 생각하지 않을 수 없었다. 하지만 이것은 무덤이면서 파라오가 고도로 계산한 전술의 결과물이다. 그렇게 융성했던 문명이 힘을 잃은 모습이 안타까웠다.

강렬한 햇살이 가득한 피라미드와 스핑크스 주변에는 이집트 학생들이 많이 와 있었다. 그곳 아이들은 수학여행이나 현장학습을 문화유적지로 간다고 한다. 히잡을 쓴 깊은 눈매의 아이들이 우리에게 다가와 같이 사진을 찍자고 청했다. 먼 옛날 파라오의 후손들이라고 생각하니 그들에게 더 정이 갔다. 나는 스카프를 히잡처럼 두르고 기쁘게 같이 찍었다.

어디서나 아이들은 장난스럽고, 웃는 모습이 아름다웠다. 밝은 그들을 보니 고대 이집트의 찬란한 문명이 다시 꽃피는 날이 머지않아 보였다.

너는 어디엔가
두고 온 것이 있는 것만 같아
자꾸 뒤를 돌아다본다
어디쯤에서 우린 돌아오지 않으려나 보다

– 천양희 〈어제〉에서

푸른 감옥

플리트비체 공원 폭포 위 벼랑길. 그 아래로 석회암이 만들어 낸 짙푸른 호수와 계곡이 어우러진 풍광은 눈을 시리게 했다. 층층이 이어지는 호수가 내려다보이는 곳에 이르자 '추락주의' 그림 표지판이 서 있었다. 'Danger'. 하얀 귀퉁이가 방금 잘린 듯 세운 지 얼마 되지 않아 보였다.

얼마 전 우리나라 여행객이 떨어진 곳이라고 한다. 셀카를 찍던 자매가 실족하여 35미터 아래 호수에 빠졌고, 병원으로 실려갔지만 끝내 돌아오지 못할 길을 가고 말았다는.

절벽 아래 푸른 물속으로 가라앉은 그들을 생각하자 몸이 떨려왔다. 뜻하지 않은 곳에서 죽음을 대면했던 때가 떠올랐기 때문이다. 멀리 있다고 생각하는 것은 착각일 뿐, 죽음은 언제나 우리와 함께한다는 생각이 문득 스쳤다.

우리 동네에는 커다란 연못이 있었다. 시퍼런 이끼가 끼어 밑이 들여다보이지 않았지만 어린 내겐 호수만 했다. 시냇물이 없는 동네라 아이들은 길고 긴 여름을 그곳에서 보냈다. 정신없이 헤엄을 치느라 연못 가장자리 풀 사이로 물뱀이 떠다니는 것도 몰랐다. 놀다가 지쳐 물 밖 너럭바위에 모로 누워 해를 받으면 물기 어린 등에 도돌도돌 돋았던 돌기들이 햇살에 펴졌다.

연못 깊은 곳에 솟아오른 바위가 있었다. 그곳까지 갔다 올 수 있어야 어느 정도 '물에서 논다'는 인정을 받았다. 얕은 데서 노는 어린아이들은 거기까지 헤엄쳐 가는 것이 로망이었다.

어느 날 나는 오빠가 없는 틈을 타 거기까지 헤엄쳐 가기로 했다. 가기만 하면 바위에 기대었다가 돌아올 수 있을 것 같았다. 바위는 가깝고 나는 자신이 있었다.

깊게 호흡을 하고 물에 뛰어들어 힘껏 발장구를 했다. 얼마나 갔을까. 아이들에게서 꽤 멀어지고 있었다. 얼마나 깊은지 궁금해 헤엄을 멈추고 섰지만, 설 수가 없었다. 발끝이 바닥에 닿지 않는 순간, 온몸으로 공포가 엄습했다. 힘이 빠지고 더 이상 나아갈 수 없었다.

나는 미역처럼 물속에서 너울거리고 있었다. 무수한 푸른색이 올라왔다. 숨을 멈추고 솟아올랐다. 그러나 마음뿐. 발버둥을 치면 칠수록 아래로 빨려 들어갔다. 끝 모를 지구 끝에서 귀신이 내 다리를 잡아당기는 것만 같았다. 맞은편에서 엄마가 빨래를 하고 있었지만 나에겐 너무 멀었다. 엄마를 부를 때마다 푸른 물만 왈칵 입속으로 밀려 들어왔다.

오빠와 놀던 개구리가 생각났다. 개구리를 뒤집고 손가락으로 배를 톡톡 두들기면 얇은 배가 터질 듯 부풀어 올랐다. 그러다 개구리 배가 터진다고 했다. 내 배도 그렇게 터지는 것은 아닐까. 숨을 쉴 때마다 물은 벌컥벌컥 내 목으로 들어왔다. 허우적거릴수록 더 가라앉았다.

눈을 뜨고 물을 바라보았다. 아무것도 없었다. 영혼들이 떠다니는 소리인 듯 웅웅거리는 검푸른 물이 가득할 뿐이었다. 아무도 내가 물에 빠진 줄 몰랐다. 이대로 나는 죽는 걸까.

이상하게도 편안해졌다. 엄마의 자궁 속에 있을 적 편안함이 그런 것이었을까. 아홉 살에게 죽음의 실체를 알기에는 무리였을 것이다.

그때 내 앞에 흔들거리는 무엇인가가 보였다. 있는 힘을 다해 움켜잡았다. 점점 밝아지고 나는 하늘을 볼 수 있었다.

영화를 보다가 물에 빠지는 장면을 볼 때, 나는 호흡이 가빠온다. 살아나려고, 물 위로 올라오려고 연기자와 같이 발버둥을

치기 때문이다. 물에 빠졌던 그때, 눈앞에 너울거리던 푸른 물이 밧줄처럼 나를 옭아매기 때문이다.

어딘가 기댈 곳이 없다는 것은 가늠할 수 없는 공포의 시작이라는 것을 그때 알았다. 아무도 없는 깊은 수렁으로 혼자 떠나는 것. 더 이상 저쪽에서 빨래하는 엄마를 볼 수 없다는 것. 영원히 빠져나오지 못할 푸른 감옥에 혼자 갇히는 것. 그것이 아홉 살 내가 겪은 죽음이었다.

엄숙한 종말

시댁 숙모님이 돌아가셨다. 향년 72세. 몇 달 전 결혼식장에서 뵌 숙모님은 조금도 흐트러지지 않은 모습이었다. 모자를 쓰고 붉은색 스카프로 목을 감쌌으나 많이 여위고 창백하여 병색이 완연하였다. 식사를 가져다 드린다 해도 극구 사양하며 당신이 손수 떠다 드셨다. 음식을 꼭꼭 씹으며 유쾌하게 우리 내외를 격려해 주셨다.

같이 식사를 하다가 깜짝 놀랐다. 그렇게 애교 넘치고 상냥하던 분이 말끝마다 삼촌에게 공격적이고 목소리에 냉기가 흘렀다. 삼촌이 말씀만 하면 가로막고 잔소리를 했다. 내가 보기에 삼촌은 평소처럼 자분자분 말씀하시는 데도 숙모님은 아주 못마땅해하셨다. 몸이 아프니 예민해져서 그러신 걸까. 아니면 이별하기 위해 정을 떼느라 그러신 걸까. 돌아가실 때가 되면 가까운 이들에게 정다슨거슬리는 행동을 해서 정을 뗀다더니.

하얀 피부에 이마가 훤한 숙모님은 얼굴에 항상 웃음이 가득하였다. 낭랑한 목소리로 사람을 칭찬하며 주변을 부드럽고 따뜻하게 만들어 주곤 하셨다. 숙모님은 폐 끼치는 것을 싫어하셨다. 처음에는 그것이 다소 가식적으로 보여 낯설었는데, 세월이 흐르며 그분 성품이란 것을 알게 되었다. 독실한 천주교 신자로 시신을 염하는 봉사활동을 오래 하셨다.

숙모님은 고향에서 올라오는 친척들을 언제나 환대했다. 서울에 다녀간 친척들이 숙모에게 신세 지지 않은 분이 없을 정도였다. 어느 때건 친척들이 들르면 손수 따뜻한 식사를 대접하고 깨끗한 이불을 깔아 주셨다. 문인들이 오면 밑반찬을 싸 주신다는 박경리 선생님의 이야기를 들을 때 우리 숙모님이 생각났었다. 한때 장관을 지낸 친척분의 선거자금 때문에 집도 담보로 맡겼던 분이었다. 그것 때문에 살림이 많이 축나고 힘들었을 텐데, 숙모님은 기꺼이 내어 주었다. 대소사 때 친척들이 모이면 숙모님 칭찬이 자자했다.

무거운 공기가 영안실을 짓누르고 있었다. 조심스레 신발을 벗는데 부의함 앞에 크게 써붙인 글씨가 번쩍 눈에 들어왔다.

고인의 뜻에 따라 일체의 부의금을 받지 않습니다.

고인의 뜻. 얼른 눈을 떼지 못했다. 강한 빛이 내 앞으로 휙 지나갔다. 그리고 이어 신선한 바람이 얼굴을 스치는 것 같았다. 역시 숙모님은 다르시구나.

우리 내외는 정성을 다해 재배를 올렸다. 국화꽃에 둘러싸인 영정 속의 숙모님은 평소처럼 미소가 가득했다. 현관에서 우리를 맞을 때의 그 미소였다. 이승에서 할 일을 다했다는 만족스러운 얼굴. 조금도 이승이 아쉽지 않은 표정이었다.

'인생이 별 거 아니야. 서로 아끼며 기쁘게 살아야 해.'

금방이라도 두 손을 내밀며 걸어나와 평소처럼 낭랑하게 일러주실 것만 같았다.

이렇게 멋지게 마무리를 하시다니. 아무에게도 부담을 주면 안 된다고 간곡하게 유언을 하셨다는 것이다. 남에게 폐 끼치기 싫어하는 숙모님다웠다. 나도 그런 마무리를 하고 싶었다. 나도 죽으면 저리 하리라.

사촌언니들은 많이 울었다. 막내아들은 슬픔을 새기느라 묵묵히 앉아 있었다. 그러나 보내는 마음이 정리된 듯했다. 제일 마음 아픈 분은 삼촌이었다. 팔십을 넘기신 삼촌은 그새 얼굴이 작아지고 눈썹도 더 희어졌다.

"삼촌, 어떻게 해요. 그렇게 정정하셨는데…."

삼촌의 손을 잡고 나는 말을 잇지 못했다. 삼촌은 가만히 고개를 끄덕이며 내 손을 포개셨다.

"그 사람 편안히 갔어…."

나지막하게 한마디 하시고 허공을 쳐다보았다. 붉게 충혈된 삼촌의 눈에 눈물이 가득했다. 평소보다 더 늙고 힘이 없어 보였다. 삼촌이 걱정되었다.

"삼촌, 건강하셔야 해요."

삼촌은 고개만 끄덕이며 손을 놓지 못했다.

숙모님이 마지막으로 가시는 길을 함께 했다. 화장장으로 들어가기 전 영구차에서 내려진 관은 흰 천으로 덮여 있었다. 세상 모든 구차한 것들을 거둔 삶과 죽음을 가르는 장막. 구천을 가는 길에 노잣돈조차 필요 없으시다는 꼿꼿한 숙모님이 거기 누워 계셨다.

새털처럼 가시는 숙모님을 보며 어떻게 죽을 것인가, 하는 생각을 하게 되었다.

'나는 힘닿는 한 열심히, 충만하게 살아왔으므로 기쁘고 희망에 차서 새로운 길을 간다. 가까운 사람들에게 존중받으면서 가고 싶다' 며 웰다잉을 말한 스콧 니어링. 정말 죽음의 순간이 왔을 때 그처럼 곡기를 끊고 죽어가는 과정을 예민하게 느낄 자신도 없고, 주사기를 꽂고 생명을 연장하고 싶은 마음도 없다. 그럴 일이 생기지 않기를 바랄 뿐이다.

> 86세까지 짱하고 팔팔하게 살다가 어느 날 저녁 침대에 누워 오늘을 보람 있고 뿌듯하게 보낸 것에 대해 감사하고 고요히 깊은 잠에 빠진다. 아침이 되어도 깨어나지 않게. 영원히.

이것이 내가 생각하는 죽음에 대한 먼 기대였다. 86년 동안 이 세상에 와 있었다면 그것으로 충분하다고 여겼었다. 그런데 최근 구십이 넘어 스페인어를 배우려고 다시 공부를 시작하고, 백세가 되었는데도 육상경기대회에 참가하거나 새로운 일을 하며 청년처럼 활기차게 사는 분들이 넘치게 많다.

내가 '86세 운운' 한 것은 죽음에 대해 겸허하지 못한, 정말 건방진 생각이었다. 죽음이 내 앞에 오면 제발 살려 달라고 구걸할지도 모른다.

그날 숙모님을 보내 드리며 '엄숙하게 조용히 죽어가는 일'을 깊이 생각하게 되었다. 그것은 숙모님이 우리에게 남긴 숙제일 것이다.

사랑의 주소는 자주 바뀌었으나,
사랑의 본적은 늘 같은 자리였다.

– 이정록 시집 《정말》 시인의 말에서

성민이의 엄마 냄새

이런 시절이 있었구나. 스물을 갓 넘긴 햇병아리 선생님과 조무래기 아이들이 웃고 있는 사진 속에 유난히 눈에 띄는 아이가 있다. 성민이다.

성민이는 1학년 우리 반 스물두 명 중 키가 제일 작았다. 짧게 자른 까끌한 머리카락, 반들거리는 이마는 방금 벌어진 밤송이 같았다. 목에는 때가 끼어 있고, 옷차림은 남루했다. 엉뚱한 생각을 서슴없이 말해 교실을 웃음바다로 만들던 청량제 같은 아이.

가끔 눈곱이 낀 얼굴을 씻겨 줄 때도 있었다. 엉덩이를 빼고 자라처럼 고개를 쭉 내민 아이의 작은 얼굴이 내 손안에 쏙 들어왔다. 때가 낀 손톱을 깎아 주면 다른 손가락을 내밀었다.

어느 날 아침이었다. 외마디 비명소리가 조용한 복도를 가득 메웠다. 교실에서 그림을 그리던 아이들이 일제히 고개를 들었다. 방금 화장실에 간 성민이. 나는 남자 화장실로 달려갔다. 성민이가 주저앉아 파르르 떨고 있었다.

“왜 그러니? 성민아!”

아이는 일그러진 얼굴로 나를 올려다봤다. 한 손으로 아랫도리를 붙들고 온몸을 비틀었다. 조심스레 손을 떼었더니 뻣뻣한 청바지 지퍼에 낀 피부가 보였다. 지퍼에 물린 민감한 살갗은 벌써 핏줄이 터졌는지 거무스름했다. 일을 보고 급하게 바지를 올리다가 그만 살이 낀 것이었다.

얼른 아이를 안고 남자 선생님 교실로 뛰었다. 작은 학교라 보건 교사도 따로 없었다. 아이를 건네 안은 선생님은 신발도 못 갈아 신은 채 교문으로 내달렸다. 뒤쫓아 가면서도 여린 살이 뜯겨 흐르는 피가 보이는 듯하여 눈앞이 아찔하였다.

학교 근처 보건소에서 바지 지퍼를 떼어내고 치료를 받았다. 다행히 상처는 깊지 않았다. 아픔이 가셨는지 아이는 수줍은 얼굴로 우릴 쳐다보았다. 나도 그때야 웃음이 나왔다.

“성민아, 왜 빤쭈를 안 입었니? 다음부턴 꼭 입고 다녀. 응?”

학교로 돌아오는 길. 아이는 지옥을 헤매던 시간을 잊은 듯 활짝 웃으며 내 손을 잡았다. 긴 스커트 자락이 부드러운 바람에 날리며 아이를 감쌌다. 귤꽃 냄새가 코끝을 스쳤다.

“성생님한테서 엄마 냄새가 나요.”

나는 내 손 안에서 꼼지락거리는 아이의 손을 꼭 쥐었다.

아픔이 많은 그 아이. 아버지의 주정과 잦은 폭력에 엄마는 집을 나갔다. 부엌에 엄마 얼굴 사진을 붙여 놓고 아이들에게 송곳으로 찌르게 했다는 아버지는 늦게 들어오거나 아예 오지 않을 때도 있었다. 두 살 터울 형제는 저희들끼리 잡초처럼 자랐다.

성민이는 방과 후 교실에 남아 그림을 그리다가 내 의자 밑으로 기어들어와 스타킹을 잡아당겼다. 그러다가 내 다리를 미끄럼질 하곤 했다. 거미처럼 손가락으로 기어가다 손바닥으로 쓸어내리고. 나는 간지럼을 많이 타서 몸을 움찔거렸지만 내색하지 않았다. 그렇게라도 아이의 기억 속에 남아 있을 엄마를 만나기를 바랐다.

이듬해 나는 다른 학교로 전근을 갔다. 다른 아이들 틈에서 서서히 성민이는 내 기억 속에서 멀어졌다. 아이들을 키우고 난 후에 성민이를 만났더라면 더 따뜻하게 보살필 수 있지 않았을까. 엄마처럼 아이 마음을 헤아리기엔 너무 젊었었다.

그 시절 기억도 희미해진 지금, 성민이는 어린 시절 자신을 닮은 밤톨 같은 자식들을 키우는 아버지가 되어 있을 것이다.

작은 눈이 다 감기도록 잘 웃던 아이. 그 맑고 순진한 눈동자로 나를 올려다볼 때마다, 아이의 맑은 영혼이 내 마음을 씻어주던 날들이 있었다.

초등학교 1학년 담임의 어느 하루

아이들이 오기 전, 창문을 활짝 열고 대걸레로 교실을 닦는다. 아이들과 함께 방방거리며 교실에 떠돌던 먼지는 밤새 구석구석에 쌓였다가 걸레에 묻어난다. 물기를 꼭 짠 수건을 개켜서 책상도 닦는다. 깨끗한 책상 위에 남은 비누 향기. 아이들의 젖 냄새 같다.

그때쯤이면 아이들이 하나둘 교실로 들어오고, 내게 다가와 배꼽인사를 한다.

"어제 받아쓰기 공책 샀다요."

태경이가 자랑을 한다.

"선생님이 마술을 건 사과야. 이걸 먹으면 똑똑해지고 멋지게 공부할 수 있어. 오늘 사과는 어떤 요술을 부릴까?"

오는 순서대로 얇게 썬 사과 한 쪽씩 나눠 준다. 언제나 요술 사과만 주는 것은 아니다. 어떤 때는 '요술 배', '똑똑 콩', '천재 멸치'를 주기도 한다. 제비 새끼처럼 내가 준 사랑 한 조각을 입에 물고 오물거리며 책장을 넘기는 모습이 진짜 마법에 걸린 인형들 같다.

시작종이 울리면 인사를 한다. 학급 회장이 없는 1학년이라 돌아가면서 하게 한다. 오늘은 종화 차례다.

"차렷!"

종화가 크게 외치면 아이들이 똑같이 '차렷'을 따라 한다. 그때서야 자동차 책에 빠져 있던 대희도, 손가락에 자를 끼워 돌리던 찬우도, 연필 두 개를 지우개에 길게 끼워 총을 만들던 승구도 차렷을 외치며 나를 쳐다본다.

"선생님께 인사."

"선생님, 열심히 배우겠습니다."

나도 인사하며 다짐한다.

"네, 열심히 가르칠게요."

그 말을 할 때마다 나는 좀 찔린다. 열심히 못 가르친 날이 많기 때문이다. '사이좋게 지내요', '발표를 잘 해요', '질서를 지켜요'. 아이들은 인사와 함께 세 가지 약속을 매일 아침 합창하며 다짐한다.

"잘 지킬 수 있는 사람?"

아이들은 한 사람도 빠짐없이 손을 든다. 태경이는 두 손을 든다. 이 약속 덕분인지 모두들 싸우지 않고 잘 지낸다. 다행히 올해는 하루 종일 큰 소리로 울어대거나, 막무가내로 떼를 쓰거나, 교실바닥을 기어다니는 아이가 없다. 그런 아이들이 있으면 나의 에너지를 아이들에게 골고루 나누어 주기도 전에 지쳐 버린다.

공부를 시작하자마자 주민이가 나온다. 잘 씻은 얼굴과 코가 반짝거린다. 아랫도리를 잡고 다리를 배배 꼰다. 얼른 화장실에 다녀오게 한다.

일기를 읽어 줄 시간이다. 나는 아이들의 순수한 세계가 열리는 이 시간을 좋아한다.

"오늘은 얼마나 재미난 이야기가 기다리고 있을까요?"

아이들의 일기를 실물 화상기에 놓고 읽어 주면서 별표를 쳐 준다. 멋진 문장에는 물결선도 그려 준다. 아이들은 친구들이 무슨 내용을 어떻게 썼는지보다 제 일기에 별을 몇 개 받을지가 더 궁금하다.

집에 가는 길에 고양이 시체가 있었나 보다. 새끼 고양이가 불쌍했다는 이야기. 아빠가 치킨을 사 온 이야기. 운동장에서

공을 주운 이야기. 누나가 키우는 새 파롱이와 포롱이가 싸워서 파롱이가 피가 났고 파롱이 다리에 깁스를 했다는 대희의 그림일기는 제법 세밀하다. 동생이 머리를 잘라서 도토리 같았는데, 거울을 보니 더 큰 도토리가 있더라는 유수의 일기가 오늘 가장 많은 별을 받았다.

다음은 이야기를 들려줄 차례다. 매일 아침 해 주는 일종의 인성교육 훈화다. 아이들은 무슨 이야기인지 제목이 뭐냐고 성화다. '나하고 놀자' 이야기를 들려준다. 아기도깨비가 아무도 놀아주지 않아 슬픔에 빠졌는데 달님이 도와주어 다같이 재미나게 놀 수 있었다는 이야기다. 승구가 손을 번쩍 든다.

"승구가 먼저 해 볼래?"

"네, 선생님."

이름을 부르면 꼭 그렇게 대답하도록 한다. 제대로 대답하는 데서 교육은 시작된다고 생각하기 때문이다. 아이들은 모두 '승~구' 하면서 승구를 쳐다본다. 승구는 의자를 소리 없이 밀어놓고 반짝거리는 눈동자를 굴리며 또박또박 말한다.

"다른 사람을 배려해 주며언~ 그 사람도 기쁘지만 자기는 더어~ 행복해져요."

승구의 멋진 발표에 나는 푸짐하게 칭찬을 해 주고 함께 칭찬

박수를 쳐준다. 열네 명 정도 발표를 하고 나면 국어 교과서를 공부할 시간이 얼마 남지 않는다. 그러나 나는 그런 것을 개의치 않는다. 이게 진짜 공부라고 생각하기 때문이다.

1교시가 끝나면 우유를 마신다. 오늘은 우유를 급하게 먹였다. 무용 수업을 받으러 5층 꼭대기에 있는 특별실까지 가야 했기 때문이다. 무용 시간에 아이들은 남생이 놀이를 지치도록 했다. 교실에 오자마자 난리가 난다.

"선생님, 승민이가 토했어요."

미처 소화되지 않은 우유와 음식이 무용 시간에 뛰다 보니 탈이 난 것이다. 책상 위, 교과서, 책가방, 위아래 옷 할 것 없이 토사물 범벅이다. 아이를 키워 본 사람은 안다. 우유를 토한 것이 얼마나 향기로운지.

눈치 빠른 현이가 휴지를 갖다 대고 걸레를 가져오고, 준혁이와 함께 몰려온 아이들은 냄새난다고 코를 막는다. 이 아비규환을 빨리 수습해야 한다. 얼른 닦아내고 창문을 열어놓고 아이를 화장실로 데리고 간다. 바지를 벗기고 씻긴다. 아직 온수가 나오지 않아 아이 입술이 파래진다. 여섯 번이나 전화를 했지만 아이 엄마도 아빠도 연결되지 않는다. 아이들은 복도로 뛰어나오고, 화장실까지 쫓아오고, 교실에선 한여름 매미들처럼 왱왱거린다. 아이들을 자리에 앉혀 '얼음'으로 만들어 놓고 급한 대로 자료실에 있는 무용복 바지를 가져다 입힌다.

간신히 아이 엄마와 통화. 한숨을 돌리고 나니 쉬는 시간이다. 날아가 버린 한 시간. 꾁두각시 바지를 입은 아이는 해맑은 얼굴로 놀고 있다. 역시 1학년이다.

태경이가 갑자기 내게 달려온다.

"선생님, 화분이 배탈 났어요."

"응?"

지완이가 물을 준 화분에 정안이가 또 주고, 태경이가 또 주었으니 배탈이 날 만하다. 책가방이 배고프다고 책을 많이 가지고 다니는 태경이는 시인이다. 아이들은 물을 줄 때마다 화초가 자란다고 생각한다. 물을 많이 먹으면 뿌리가 썩어 죽는다고 백 번도 넘게 일렀건만. 화분은 매일 어항이 되고 화초는 흥건한 물속에서 헤엄친다. 그러나 화초는 죽지 않고 잘도 자란다. 화초도 아이들의 넘치는 사랑을 알고 있나 보다. 아이들도 화초처럼 모르는 사이에 자란다. 화분을 기울여 물을 버리고 물뿌리개를 감춰 놓는다. 내일 또 누군가 찾아 놓을 테지만.

물을 한 잔 마시고 잠시 의자에 앉는다. 그 새 아이들이 몰려와 뛰었어요, 놀렸어요, 이르는 아이들 얼굴이 바로 내 눈 앞이다. 껍질을 벗긴 삶은 계란 같은 얼굴에 돋아난 보송한 털, 반짝이는 눈동자, 가늘게 말려 올라간 속눈썹, 빠진 이에 말하는 입술은 삐삐 인형 같다. 나는 딴 나라에 가 있느라 아이들의 말을 하나도 못 듣는다.

수학 시간.

수학책에 해마 그림이 나와 있다. 나는 또 호기심이 발동한다.

"누가 해마 자랑 좀 해 볼래요?"

"해마는 수컷이 새끼를 낳아요."

"해마는 자신의 몸을 잘 숨겨요."

"해마는 변신을 잘해요."

서로 아는 것을 말한다고 아우성이다. 아이들은 동식물에 대해 해박하다. 호기심천국이다. 세상이 다 궁금한 것들뿐이다. 아이들은 질문을 하고 대답에 대해 또 질문하고. 그러다가 미국 사람의 젓가락은 몇 개까지 나온다. 질문하다 보면 또 시간이 부족하지만 이런 시간이 필요하다. 질문이 죽은 나무에서는 창의성이 꽃필 수 없다. 우리는 동물농장에서 다시 수학으로 돌아온다. 받아올림이 있는 덧셈에 꼭 필요한 10 만들기 공부를 한다.

"10이 되는 짝,

1의 짝은 9,

2의 짝은 8

……

9의 짝은 1,

10이 되는 짝,

다 찾았다."

아이들은 신나게 짝짓기 숫자 랩을 외친다. 바둑알로 10 만들기 놀이도 한다. 이렇게 아이들하고 놀면서 나도 그 순간마다 초등학교 1학년이 된다.

4교시가 끝날 즈음이면 급식 도우미 어르신들이 급식 왜건을 밀고 오신다.

"벌써 점심시간이에요?"

"그러네, 벌써 그렇게 됐네. 이제 알림장 쓸까요?"

"네, 와! 정말 빠르다. 공부가 이렇게 재미있는 줄 몰랐어요."

현서가 큰 소리로 말한다. 이 아이들은 커서도 공부가 끔찍한 짐이 되지 않길 잠시 속으로 빌어본다. 재빠르게 알림장을 쓰고 앞에 선 유수 뒤로 아이들이 길게 줄을 선다. 알림장에 '예쁜 손' 란을 만들고 읽은 책 이름과 쪽수를, '착한 손' 란에는 착한 일을 매일 써 오게 했다. 예쁜 손에는 '선인장 호텔 1쪽~25쪽'이라거나 '장수풍뎅이', '팥죽 할머니와 호랑이'를, 착한 손에는 '숟가락을 놓았어요'라든가 '안마를 했어요', '금붕어 먹이를 주었어요', '동생과 놀고 블록을 정리했어요' 같이 쓰여 있다.

아이들이 적어 온 것을 읽노라면 말썽쟁이 아이들 때문에 혈압이 모르던 일들도 다 씻겨 내려간다. 방금 교실에서 벌어진 난리 블루스도 어느새 스르르 잊는다.

급식 시간.

아이들이 싫어하는 브로콜리가 나왔다. 나는 보자마자 한 개를 쏙 집어 입에 넣으며 큰 소리로 말한다.

"으~음, 완전 맛있다. 난 브로콜리가 매일 나왔으면 좋겠어."

"선생님, 전 브로콜리 좋아해요."

"나도, 나도."

"그래, 브로콜리나 야채를 좋아하는 사람은 천재가 된대."

살짝 보았더니 야채를 싫어하는 유빈이가 큰맘 먹고 하나를 집어 입에 넣는다. 오늘 작전 성공.

주스 플라스틱 뚜껑을 열기가 만만치 않다. 아이들은 너도나도 열어 달라고 들고 나온다. 다 따주고 대충 밥을 먹은 후, 늦게 먹는 다섯 아이들 밥 먹이기에 돌입한다. 밥을 놓고 기도하기 일쑤인 분들이다.

지완이는 고기를 잘 먹지 않는다. 숟가락에 밥과 고기를 얹으니 앞니 빠진 입을 '아' 하고 벌린다. 알림장에 붙일 칭찬표가

콧등과 볼, 이마에 붙어 있다. 연지 곤지 찍은 얼굴을 바라보는 나에게 알림장을 집에 놓고 왔어요, 한다. 농부가 되고 싶다는 지완이. 뒤에 앉은 은서도 꼬무락거리며 밥알을 세고 있다. 지완이 한 번 먹이고, 은서 한 번 먹이고. 똑똑이 기범이는 앞뒤 사방을 참견하느라 밥은 뒷전이다.

"기범이가 오늘은 밥을 다 먹으려나 봐. 다 먹으면 칭찬표가 다섯 갠데."

그때서야 입안에 있는 밥을 삼키지도 않은 채 볼이 터지게 다시 욱여넣는다. 찬우가 오더니 "그만 먹을래요" 한다. 음식이 반도 넘게 남았는데 말이다.

"찬우는 다섯 번 더 먹자."

아이는 들어가 다섯 번을 세면서 먹는다.

돌봄 교실에 남아 있는 아이들은 다섯 시가 되어야 집으로 가기 때문에 어떻게든 점심은 잘 먹여야 하는데, 급식 도우미 어르신은 교실 앞문에 서서 뚱한 얼굴로 아이들을 채근한다. 더 기다려 주지 않는 게 야속하다.

집에 가기 전에 또 인사를 한다. 늘 웃는 예준이 차례다.

"오늘 학교에서 재미있었어요?"

아이들은 네, 하고 이구동성으로 대답한다. 재미있게 학교를 다니는 것만으로도 절반은 성공이다.

옷을 입던 대희가 지퍼가 꼈다고 낑낑대며 나온다. 천이 한참 먹혀 들어간 지퍼는 꽉 다문 입을 열 줄 모른다. 겨우겨우 내리자 대희 얼굴이 밝아진다.

"와, 선생님이 금방 고쳤어."

1학년 담임 선생님은 슈퍼맨이거나 슈퍼우먼이어야 한다.

예준이가 얼른 가방을 메고 '차렷'을 외친다. 블록을 가지고 놀던 아이, 색종이 접기를 하던 아이, 찰흙을 만지던 아이들도 따라 하며 자기 자리로 돌아온다.

"선생님, 사랑합니다!"

"사랑합니다!"

내 인사가 끝나면 짝끼리 마주 보며 인사를 한다.

"친구야, 사랑해."

이제 자리를 잘 정돈한 아이들은 복도에 나가 줄을 설 수 있다. 하영이는 제일 앞에 서려고 책상을 정리하고, 떨어진 휴지와 색연필을 줍고, 쓰다 남은 종이는 재활용 상자인 '또또 상자'에 넣고, 아직도 가방을 못 챙긴 짝을 도와주고 자기네 모둠을 바람처럼 정리한다.

아이들은 서로 선생님 손을 잡으려고 앞자리 다툼을 하지만 매일 번갈아서 아이들 손을 잡고 간다. 빠진 이로 나를 올려다 보고 웃는다. 아이 심장에서 흐르는 맑은 물소리가 작은 손을 통해 들려온다. 교문까지 가는 동안 나는 북새통 같은 하루를 다 잊어버린다.

아이들이 빠져나간 빈 교실. 주인을 잃은 주민이 옷만 덩그러니 걸려 있다. 지우개 가루, 흘린 밥알, 먼지만 가득하다. 교실을 정리하고 아이들이 내고 간 학습지와 수학익힘책을 채점한다.

'미숙이네 할아버지의 연세는 여든이고, 철희네 할머니의 연세는 예순아홉입니다. 누가 나이가 더 많을까요?'

'우리 할아버지가 더 마나요.'

승구가 자랑스럽게 써 놓았다. 얼마나 고민하며 썼을까. 채점하다 나는 정신 나간 여자처럼 깔깔거린다.

문득 이 아이들이 그대로 자라나면 얼마나 세상이 맑아질까 생각한다. 왜 어른이 되면 이토록 해맑았던 시절을 다 잃어버리는 걸까. 나는 잠시 창밖을 바라보며 생각에 잠긴다.

옆 반 선생님과 이야기할 틈도 없었네. 컴퓨터에 읽지 않은 한 꾸러미의 메신저가 깜박거린다. 휴, 또 몇 개의 공문이 와 있을까. 재미없는 사무가 날 기다린다. 나는 컴퓨터에 껌처럼 달라붙는다. 자라목을 하고 모니터에 빠져 있는데 정안이가 머리를 팔랑이며 들어온다. 방과 후 요리교실에서 만든 얼굴 모양 쿠키를 가지고 왔다. 아직 따뜻하다.

"선생님이에요."

'히' 웃으며 건네 준 쿠키엔 빨간 입술이 선명하다. 아이는 커다란 보물을 준 것처럼 으쓱해한다.

1학년 아이들은 매일매일 새로운 드라마를 연출한다. 그들은 주연이고 나는 조연이다. 매일매일 아이들에게는 신세계가 열리고, 나에겐 예측불허의 드라마가 펼쳐진다. 내일은 또 어떤 드라마가 연출될까. 교실 문을 닫을 때, 나의 기나긴 하루도 '멋진 엔딩'이 된다.

하준이의 문맹 탈출기

우리 반 하준이는 글을 모른다. 겨우 자기 이름 하나 그릴 줄 안다. 세상을 제대로 알지도 못하는 스무 살 나이에 아이를 낳은 엄마는 아이에게 관심을 많이 쏟지 못했다. 불안한 환경 속에서 아이는 시끄러운 세상으로부터 벽을 쌓는 방법을 너무 일찍 배워 버렸다. 그런 이유로 밖으로부터 오는 자극을 많이 받아들이지 못했다.

하준이는 우리 반에서 제일 작다. 웃을 때마다 작은 눈은 완전한 초승달이 된다. 엄마에게 매달리듯 내 품으로 달려들어 어느 틈에 내 손을 잡고 서 있다. 작은 몸은 잡으면 부서질 듯 한 줌이다. 뽀얀 얼굴에 입꼬리가 올라가게 웃으며 작은 손으로 눈을 비빌 때 정말 안아주고 싶다.

글을 몰라도 아이는 부끄러운 줄 모른다. 동무들이 책을 읽을 때 소리를 흉내 내려 하지만 역부족이다. 그 아이에게 글을 읽으라고 하는 것은, 나에게 늘어진 국수 가락과 점밖에 없는 아랍어를 읽으라고 들이대는 것과 다를 바 없다.

입학하고 처음 교실에 들어왔을 때, 풀 가위 따위를 나누어 주고 네임펜으로 이름을 쓰게 했다. 하준이는 이름은 썼다. 모두 거울에 반사된 글씨였다. 아, 올해는 글을 모르는 친구가 없었으면 했는데. 물론 입문기 1학년은 글을 읽고 쓰기를 배우는 단계지만, 우리 교육 과정은 이미 읽기와 쓰기를 마스터한 것을 전제로 한 교육과정이라 읽기와 쓰기를 못하는 아이들에게는 험난하고 험난한 과정이다.

다음날 또 나누어 준 물품에 하준이는 이름을 제대로 '그렸다'. 고대 문자였지만 거울상 글자는 아니었다. 선을 그리는 출발점이 달랐다. 오른쪽에서 왼쪽으로 큰 것에서 작은 것으로 그었다. 이를테면 ㅎ을 쓰는데 동그라미를 먼저 그리고 모자와 꼭지를 역순으로(ㅇ → ㅎ → ㅎ) 그리는 식이었다.

하준이는 학교 공부가 끝나면 매일 나머지 공부를 해야 했다. 몸을 배배 꼬며 가만히 있지 못했다. 처음에는 단어로 시작했다. 그림이 있는 통문자는 읽었지만 그림이 없으면 다 잊어버렸다. 대부분의 아이들은 낱말을 그림처럼 사진으로 기억하는 것이

보통인데, 하준이는 좀 달랐다. 낱말카드는 별 도움이 되지 않았다. 아무렇게 소리를 내고 나를 보고 씩 웃었다. 그럴 때마다 초승달이 떠 있는 하얀 그 얼굴이 귀여워서 야단도 못 치고 나는 같이 웃고 말았다.

어느 날 하준이는 나머지 공부를 하고 아래층 돌봄 교실로 갔다. 회의가 끝난 후 놓고 간 알림장을 주려고 돌봄 교실에 전화했더니 오지 않았다는 거였다. 내려가는 것을 본 지 30분이나 지났는데.

큰일났다. 날듯이 뛰어 내려가 어떻게 된 건지 물었다. 바깥놀이 시간이어서 문을 잠그고 아이들을 데리고 운동장에 나갔다면서 돌봄 선생님은 불안한 목소리로 말끝을 흐렸다.

"운동장으로 오라고 쪽지를 문 앞에 써 붙였는데…."

"아이고, 이를 어째. 하준이 글 못 읽어요."

아이는 어디를 헤매고 있는 것일까. 돌봄 선생님과 나는 두 갈래로 나뉘어 학교를 샅샅이 뒤졌다. 로봇교실, 운동장, 과학실험실, 어디에도 아이는 없었다. 1층부터 5층까지 화장실도 빠짐없이 확인했다. 호기심 많은 하준이가 갈 만한 곳은 다 찾아보았다. 아이들과 보았던 민들레와 제비꽃이 많이 피어 있는 건물 뒤에도, 지렁이와 개미를 관찰하던 온실 앞에도, 주차장에도 없었다. 교문 보안관도 혼자 가는 아이는 없었다고 했다.

교내 메신저로 아이를 찾는다는 문자를 보내고, 아이가 다니는 태권도학원에 전화해서 인근을 찾아 달라 하고, 돌봄 선생님은 자전거를 타고 교문 밖으로 내달렸다.

운동장에는 축구하는 어른들만 있고 놀이터에는 그날따라 텅 비어 있었다. 어디선가 형들이 놀고 있으면 같이 휩쓸려 가버릴 아이였다. 아이들은 길을 잃으면 곧장 앞으로만 간다. 시장거리가 있는 복잡한 미로 같은 곳에서 하염없이 걸어가는 하준이의 뒷모습이 보이는 듯했다. 집을 못 찾아 헤매는 아이. 사라졌다면 어떻게 한단 말인가. 못된 어른이 그 귀여운 아이를 확 안고 가버리는 상상을 하다가 나는 머리를 흔들었다.

시간은 자꾸 흘렀다. 아이 부모와는 아직도 연락이 닿지 않았다. 나는 혀가 하늘에 붙었다.

돌봄 선생님 전화가 왔다. 아이를 찾았다고. 4시 35분. 아이를 잃은 지 채 한 시간이 안 되었다. 그리 긴 시간이 흐른 것도 아니었는데 나는 천 년을 산 듯했다. 온몸에 기운이 다 빠졌다.

그때서야 그림이 그려졌다. 하준이는 돌봄 교실에 갔다. 문이 잠겨 있었다. 문 앞에 뭐라고 쓴 종이가 붙어 있었지만 아이는 그것을 읽을 수가 없었다. 다들 어디로 갔는지 궁금했다. 교실로 왔지만 선생님이 안 계셨다. 회의에 갔으니까. 다시 돌봄 교실에 가서 그 앞에서 기다릴 생각은 하지도 못했다. 5분만 기다렸으면 되었을 것을. 거기까지 생각이 미치지 못했다. 아무도 없는 곳에서 5분은 아이에게는 천 년일 테니까.

하준이는 이제 갈 곳이 없었다. 당연히 집으로 향했다. 집에는 아무도 없고 문이 잠겨 있다는 것을 생각할 겨를이 없었다. 학교 보안관은 그 조그만 아이가 지나가는 것을 볼 수가 없었다. 보안관실 문턱에도 훨씬 못 미치는 작은 아이였으니까.

이 모든 일이 한글 때문에 생긴 일이었다. 만일 하준이가 글을 읽을 줄 알았더라면 문에 붙은 쪽지를 읽고 얼른 운동장으로 뛰어가 미끄럼틀과 시소를 타면서 신나게 놀았을 것이다.

하준이는 다음날 새 얼굴로 학교에 왔다. 다음부터 교실 문이 잠겨 있으면 교무실로 가라고 단단히 일러주었다. 그것으로는 마음이 놓이지 않아 아이를 데려다주는 '하준이 배달 전용 비서'를 정했다. 방과 후 교실에 갈 때도, 나머지 공부하고 돌봄 교실로 갈 때도 확실하게 갈 수 있도록.

처음으로 받아쓰기를 한 날. '나무'는 제대로 썼으나, 오리의 'ㄹ'은 칸 밖으로 나갔고, 아버지는 'ㅇ'만 쓰고, 타조는 '그릴 줄' 몰라 연필만 만지작거리다가 알 수 없는 그림만 공책 가득

그려 놓았다.

글자의 조합을 알기 위해 먼저 음가를 익혔다. 자음 음가를 넣어 만든 노래를 매일 부르게 하며 이름을 외우게 했다. 키읔부터는 힘들어했다. 자음 음가를 다 외운 아이는 상으로 칭찬표를 다섯 개나 받았다. 하준이는 자음 놀이를 아주 재미있어 했다.

이번엔 모음을 외울 차례다. 아이는 이건 어려운데, 한다. 자음보다 자신이 없었나 보다. 그게 다 'ㅣ'가 있고 뾰족이가 돋았는데 어떤 것은 '아'이고 어떤 것은 '어'인지 헷갈려 했다. 뾰족이가 두 개나 달린 것(야), 다리가 두 개 달린 것(ㅠ)은 더 몰라 아이는 몸을 비틀고 아무 소리나 내고 난리도 아니었다.

모음을 순서대로 늘어놓고 각 모음 앞에다 둥근 색깔 자석을 붙이게 했다. 붙이면서 읽고, 띄어 내면서 읽고, 몇 번을 반복하고 겨우 이름을 다 외웠다. 이름을 외우는 순간 그저 선에 지나지 않았던 것이 하준이에게 글자로 보이기 시작했다. 이름을 불러 주어야 내게로 와서 꽃이 되는 것처럼, 이름을 외운 모음이 아이에게 비로소 소리가 달린 글자가 되었다.

다음 단계로 자음과 모음을 합쳐 글자를 만들게 했다. 내가 불러 주는 파란 자음 카드와 빨간 모음 카드를 하나씩 들고 글자를 만들었다. 만들어진 글자의 소리를 익히고, 그 소리가 들어가는 낱말을 말해 보고, 쓰는 순서를 익힌 다음, 만들어지는 것을 컴퓨터 모니터에 보여 주었다. 아이는 냉큼 내 무릎에 올라앉아 자판을 손가락으로 눌렀다. 커서가 움직이고 글자가 만들어지다니, 신기해했다. 글자의 이름을 알고, 그 소리대로 '그리고'.

마침내 자기 이름 외에 새로 알게 된 글씨를 읽고 썼다. 문장 끝에 꿀을 발라 배우는 것이 달콤하다고 가르치는 유태인의 교육 방법처럼, 나도 하준이에게 '엄지 척'으로 듬뿍 칭찬했다. 상표를 잔뜩 받은 아이는 탁구공 튀듯 콩콩 뛰었다. 함박 웃는 얼굴에 희열이 가득했다.

나는 설리반이 된 것 같았다. 아이는 키가 겨우 닿는 칠판에 손을 뻗어 한 획 한 획 기억해 내서 진지하게 글자를 썼다. 헬렌도 하준이도 글자를 모르는 새까만 세상에 있었지만, 하준이에겐 헬렌보다 백 배나 나은 조건이 있었다. 말을 하고, 예쁜 두 눈으로 글자를 보고, 물소리 새소리를 들을 수 있었다.

음가를 알고 조합하고 한 낱말을 배우기 시작하니 자음과 모음이 배열된 표를 보고 손가락으로 찾아 소리를 내었다. 드디어 하준이가 이제 글자를 읽게 되었다.

아직도 험난한 과정이 더 있었다. 받침이 어려운 글자, 읽는 소리와 쓰는 것이 다른 글자. 첩첩산중이지만 그러나, 조금 더디

더라도 얼마 없어 하준이가 좋아하는 우주 책을 읽고 내가 부르는 문장을 척척 받아쓸 날이 올 것이다.

하준이를 가르치면서 문득 글자를 배우는 아이와 글쓰기를 배우는 내가 별반 다를 바 없다는 생각이 들었다.

내게 가르치는 기쁨을 가져다준 아이. 하준이에게 새 세상이 열리고 있다.

– 이 글을 쓴 이후, 하준이는 국어책을 읽고 가사를 읽으며 노래를 부르고 글자를 물어가며 일기를 쓰게 되었다. "선생님, 그림만 보다가 글을 읽으니 진짜 재미있어요" 한다. 드디어 하준이에게 책 읽는 기쁨이 왔다.

운수 좋은 날

'귀가 번쩍 뜨이는 일이 있겠다.'

오늘 신문에 실린 내 운세다. 무슨 일이 일어나길래. 좋은 일이 생기려나 보다. 재미로 보는데 이상하게 하루가 끝날 즈음에는 그게 들어맞는 것 같다.

좋지 않게 나온 날은 문득문득 떠오른다. 묵은 된장처럼 머릿속에 들어앉아 솔솔 냄새를 풍긴다. '괜찮을 거야. 세상에 토끼띠가 얼마나 많은데' 라고 생각하다가도 신문 문구가 내 마음을 붙잡아 불안의 세계에 기어이 남겨 놓는다.

오래전에 어떤 책에서 읽은 이야기가 생각난다.

운에 기대는 어떤 남자가 있었다. 천사가 다섯 개의 보석 항아리를 주는 꿈을 꾸었다. 막 받으려는 찰나에 꿈에서 깼다. 무척 아쉬워하면서 주방에 갔더니 아내가 다섯 개의 샌드위치를 만들고 있었다. 신문을 펼쳤는데 마침 5일이었고. 그것은 절대 우연이 아니었다. 계시가 분명했다. 그는 직장에 휴가를 내고 은행계좌에 들어 있는 돈을 모두 찾아 경마장에 가서 마권을 샀다. 정말 운은 들어맞았다. 자신이 산 마권의 경주마가 5등으로 들어왔으니까.

아버지는 역학에 관심이 많으셨다. 섣달그믐날 밤이 깊어지면 따뜻한 아랫목에 식구들을 모아 놓고 손가락으로 육십갑자를 짚으며 토정비결을 보셨다. 우리는 새해 운세를 들으며 눈썹이 희어지지 않게 밤을 넘기곤 했다.

어느 해였는지 아버지는 내가 두 번 결혼할 운세라는 말을 아무렇지 않게 하셨다. 나는 그게 참 이상했다. 어떻게 딸의 미래에 지아비가 두 번 생긴다는데 아버지는 남의 이야기 하듯 하는지 야속했다. 아버지는 사주팔자를 운명처럼 여기셨던 걸까. 그러면서 꼭 늦게 결혼해야 한다고 하셨다.

이상하게 그 말은 나를 옭아맸고, 결국 스물아홉이 되어서야 집안의 쓰나미 같은 반대를 무릅쓰고 결혼을 했다. 늦게 하려고 해서 그리 된 것이 아니라 상황이 그렇게 만들어졌다. '눈에 흙이 들어가도' 를 사수하던 엄마는 그 사주가 불안했는지 슬그머니 '잘 아는 데' 가서 물었다. 궁합도 잘 맞고 좋겠다는 말을 듣고 반대하던 쌍심지의 불을 조금 줄이셨다. 사주팔자. 그 네 기둥에 얽힌 우주적 기운이 인생을 결정한다는 것이 믿을 수 없으면서도 불가사의했다.

아이들 대학 입시로 마음이 복잡하던 때가 있었다. 성적은 오르지 않고 가고자 하는 대학과는 거리가 멀어졌다. 우울했다. 지푸라기라도 잡는 심정으로 주변 엄마들이 알려 준 '잘 아는 집'을 찾은 적이 있다. 의지가 약하고 소신 없는 사람들이나 보러 다닌다고 생각하던 나도 어쩔 수 없이 팔랑귀가 되고 말았다.

'철학관'에는 사람들이 복도에서 기다리고 있었다. 관광객들에게 시달린 늙은 코끼리 피부처럼 갈라진 때묻은 소파에 앉아 내 차례를 기다렸다. 한 번도 이런 곳에 와 보지 않은 나는 어색하고 거북했다. 시선 둘 곳이 없었다.

할아버지는 체격은 왜소한데 손은 컸다. 백 년 동안 의자에만 앉아서 한 번도 일어나지 않은 사람처럼 지나치게 큰 의자에 기대어 있었다. 저렇게 남의 운세를 봐주다가 《백 년 동안의 고독》에 나오는 개미가 되는 것은 아닐까. 기운이 없어 보였으나 눈빛만은 빛났다. 나는 가족들의 사주를 적으며 한마디 했다.

"혹시 나쁜 운세가 나오더라도 절대로 말씀하지 마시고 좋은 것만 알려 주세요."

그 말에 할아버지는 나를 힐끔 쳐다보았다. 이런 것에 휘둘리지 않겠다는 단호한 의지를 담은 말이었다. 믿지 않지만 단지 희망적인 위로가 필요할 뿐이라는.

미래를 점치는 나쁜 말로 기분이 상할 필요가 있겠는가. 말에는 파장이 있어 그 기운이 어디로든 흘러가는 것인데, 좋지 않은 말을 들으면 자꾸 생각이 날 것이고, 나쁜 쪽으로 기울게 마련이다. 그것에 집착하다 보면 정말로 그런 일이 일어날지도 모르고. 미래가 어떻게 될지 한 치 앞도 모르는데 미리 사서 걱정을 할 수는 없는 노릇이었다. 좋은 말만 들으면 자기 암시가 되어 안 될 일도 잘 풀리지 않을까.

"흠, 이 집 아이들은 수학을 잘하는군."

할아버지는 시큰둥하게 중얼거렸다.

오홋? 수학 잘하는 것도 사주에 나오나? 아이들은 치밀한 아빠를 닮아 수학에 꽤 재능이 있었고 신기하게도 수학 공부를 즐겼다. 수학을 싫어하는 나를 닮지 않은 게 천만다행이었다.

"강남으로 가면 서울대를 가겠어. ㅁ이나 ㅇ이 들어간 동네가 좋겠어."

흐흐. 나라도 그렇게 말하겠다. 강남에 가면 좋은 학원들도 많고. ㅁ이나 ㅇ은 파열음이 아니라서 듣기에도 부드럽고, 그음이 들어간 동네가 얼마나 많은가. 마포, 여의도, 압구정동….

"아들은 동쪽의 대학으로 가겠어. 딸은 '사'가 되어 외국에도 가서 살겠네. 아이 아빠가 마흔아홉에 여의주를 잡겠군."

이 말은 승진을 하겠다는 말이군. 그러면 좋겠지.

"기도를 많이 해야겠어."

그 말에 내 귀는 대나무밭 댓닢이 나부끼듯 점점 팔랑거렸다. 어릴 때 교회 집사인 엄마를 따라다녔고, 미션계 고등학교를 다니며 불교학생회 동아리를 했다. 나름 여러 종교를 섭렵한 터라 어떤 것이 맞을지 궁금했다.

"그럼, 어떤 종교가 좋을까요?"

"성당이나 절에 다녀."

하나도 믿지 않겠다던 나는 그 말을 듣자마자 그날로 절에 나갔다. 그리고 삼 년 넘게 새벽기도를 다녔다. 그 덕인지는 몰라도 딸과 아들은 입시를 무난히 치렀다.

식구들에게 점 할아버지가 좋게 이야기하더란 말만 했다. 나쁜 일은 나도 모른다. 아들이 재수를 할 거라든지, 남편이 멀리 발령 난다든지, 욕조가 깨지는 바람에 응급실에 실려갈 거라든지. 그런 것은 점 할아버지만 알았을까. 어쨌거나 아들은 서울 중심부에서 동쪽의 대학에 갔고, 집 동쪽에는 대학이 없으니까

엎어뜨리나 메어치나. 어차피 운세는 귀에 걸면 귀걸이 코에 걸면 코걸이처럼 이리저리 꿰맞춰지고 들어맞았다. 좋은 쪽으로 생각하면 나쁠 것도 없다고 생각한다. 남편은 그때 정말 승진을 했다. 이제 아이들이 잘 될 일만 남았다.

어느 날 신문에 '꿈이 현실이 되는 순간을 볼 수 있다'라고 운세가 나왔다. 그날 딸의 취직 최종 합격 소식을 들었다.

'운'이란 기대하지 않았는데 뜻밖에 생기는 행운이다. 아들은 '나는 운이 좋아'를 항상 주문처럼 외고 다니는데 실제로 녀석의 일이 잘 풀린다. 2층에서 시멘트 바닥에 떨어지고도 작은 찰과상으로 멀쩡했으니까. 언제나 잘 될 거라고 아들은 믿는다. 운만 믿고 치열하게 노력을 하지 않는 것이 걱정스럽긴 하다.

운명이 정해져 있다고들 하지만 어느 정도는 후천적으로 만들어지는 건지도 모르겠다. 운에 기대지 말고 스스로 노력하여 정당하게 얻어진 미래가 진짜 자신의 운명이라고 여긴다. 내 운명의 주인은 나니까. 베풀고 나누면 운이 상승한다고 한다. 그러려면 베푸는 삶을 실천해야겠지.

밖에서 각자에게 주어진 일을 하고 집으로 돌아와 저녁을 먹으며 즐겁게 하루 일을 풀어놓고 쉬고 있는 가족을 보며 나는 마음이 흐뭇하다. 이렇게 살아 있고 별 탈 없이 살아가는 것이 행복이고 기적이다. 기적은 매일 일어나고 그래서 매일매일이 운수 좋은 날이다.

결국 오늘 귀가 번쩍 뜨일 일은 없었다. 모르지. 어떤 토끼띠에게는 정말로 번쩍 뜨일 일이 생겼는지. 어쩌면 무사히 저물어 가는 평온한 하루가 더 귀가 번쩍 뜨이는 일은 아닐까?

틈이 좋다

홍대 거리 옷가게에 걸린 찢어진 청바지가 눈에 띄었다. 실밥이 너덜너덜한 약간의 반항기가 느껴지는 옷. 그걸 입고 싶었다.

우리는 그날 그 옷을 입고 어딘가를 가야 했다. 바지에 어울리는 티셔츠를 이것저것 코디했다. 어깨가 둥그렇게 파인 티셔츠를 입고 거울 앞에서 쇼를 했다. 런웨이에 선 모델처럼.

"나 어때?"

"엄마도 그런 옷 입어? 홍대스러워."

평소 옷차림과 다른 모습이 의외인 듯 딸이 쳐다보았다.

찢어진 실밥 사이로 보이는 다리 살. 다 드러내는 것보다 감추어진 노출이 더 육감적이다.

거리로 나섰다. 저녁 햇살이 부드럽게 내린 거리에 쿵쾅거리는 헤비메탈 사운드가 가득하다. 바지 틈으로 젊은 바람이 솔솔 들어온다. 찢어진 틈으로 새어드는 일탈의 쾌감. 우리는 한껏 폼을 잡고 걸었다. 청춘들 무리에서 파릇해지는 느낌. 행동이 의식을 지배한다고 했던가.

사람들은 넘쳐났지만 아무도 우리에게 관심을 갖지 않았다. 나에게는 작은 모험이었지만 타인들에게는 그저 '옷'에 지나지 않았다. 혼자만의 편견. 이곳저곳을 기웃거리다 아이스커피를 마셨다. 컵을 흔든다. 얼음끼리 부딪치는 경쾌한 소리.

늦은 밤이 되어서야 집으로 돌아왔다. 몇 시간 동안의 나들이지만 나설 때와는 마음이 조금 달라져 있다. 마음이 더 열린 기분. 낯선 경험은 지루한 일상들 사이에 터진 틈이라고 할까.

여행을 하거나 혼자만의 시간을 보내는 것은 삶의 틈, 숨구멍인 셈이다. 그 틈을 잘 만드는 것은 역설적으로 삶을 빈틈없게 한다. '쫀쫀한 삶'을 만들기 위해 헐렁한 틈이 필요한 것이다.

말에도 틈이 있다. 주말부부인 우리는 문자를 자주 주고받는다.

'비가 와…….'

비가 온다는 사실보다 '……'에 무게를 두고 보낸 문자다. 비 오는 창밖을 보니 말랑해진 내 생각을 읽어 감각적인 말을 듣고 싶은 심리다. 이 도구 속에 숨겨 놓은 내 생각의 틈을 어떻게 알아채겠는가.

'비가 와…….' 그래서 어쨌다는 것인가. 한가하기도 하지. 정신없이 바쁜데. 계속 띠롱거릴 것을 차단하려 보내 온 문자.

'여기도 와. 내일은 하루 종일 온대. 운전이나 조심해.'

지극히 현실적인 훈계. 순간 촉촉했던 마음이 얼린 두부가 되어 버린다.

베일로 살짝 가리듯 '……' 속에는 차마 하지 못할 말이 숨겨져 있다. 젊은 날 편지 속에 그는 화가 난 어투로 물어왔다.

'왜 어머니는 나를 반대하시는데?'

'그냥……. 딸을 보내기 싫으신 거겠지.'

가림막을 치고 더 이상 말할 수 없는 것도 있다.

이런 여운의 틈을 맨 처음 사용한 사람은 누굴까. 생각의 틈새를 이런 식으로 끼워 넣을 줄 안 사람은. 낭만적이다. '……' 속에 격할 수 있는 감정을, 혹은 못다 한 아련한 감정을 우산처럼 살짝 가려놓고 은근하게 마음을 전달하는 것이다. 문장에 숨을 쉬게 만드는 언어의 멋진 틈이 아닐 수 없다.

오래 산 부부는 눈빛만 봐도 안다. 긴 세월 부대끼면서 밖으로 드러내지 않은 생각을 읽을 수 있기 때문이리라.

사랑한다는 것은 마음의 틈을 읽어 내는 일이다.

청바지 찢어진 틈으로 내 청춘이 숨을 쉰다. 그 사이로 들어오는 밤바람이 상쾌하다.

"뿌라 비다!"

– 인생은 즐거워!(코스타리카어)에서

카페 브람스에서 보낸 오후

"브람스에 갈까?"

8월의 햇살이 정수리에 쏟아지는 한낮이었지만 우리 부부는 집을 나섰다. 브람스는 광안리 남편의 사택 근처에 있는 카페다. 외벽에 담쟁이가 어우러진 아담한 삼층짜리 붉은 벽돌 건물. 그 카페를 마음에 둔 것은 담쟁이 때문이기도 하다. 나는 담쟁이를 좋아한다.

작년 이맘때 본 담쟁이가 올해는 훨씬 풍성해져서 푸른 이불 속에 파묻힌 집 같다. 역시 담쟁이는 벽돌이나 돌담이 제격이다. 진녹색 줄기 화초가 질그릇에 어울리듯 물건에는 격에 맞는 것이 따로 있다. 그런 집안에는 하얀 치펜데일 의자가 놓여 있을 것만 같다.

한 방향으로 드러눕고 일어나는 담쟁이 이파리들의 초록 물결.

그 흔들림이 요란하지 않다. 먼 바다를 바라보며 생각에 잠겨 있는 신사의 머리카락이 흩날리듯 기품이 있다. '브람스'라는 이름 때문일까. 그가 40년이 넘도록 한 여인에게 연모를 품고 평생 독신으로 지냈다는 아픔 때문일까. 부드럽게 흔들리는 몸짓이 외로워 보인다.

옷 속까지 파고드는 햇살을 거리에 남겨두고 브람스로 들어선다. 담쟁이가 늘어진 작은 문은 비밀의 화원으로 이어지는 숨겨진 입구 같다. 커피를 주문하고 창이 많은 삼층으로 올라간다. 작지 않은 공간에 서너 명이 한가하게 앉아 있다. 유리창엔 터질 듯 마른 하늘이 가득하다. 너울거리는 담쟁이 잎들이 근사한 프레임을 만들어 바다 풍경이 담긴 그림 한 폭이 된다. 바다를 말릴 듯 내리붓는 태양빛이 바닷물과 백사장에 부딪쳐 브람스에까지 건너온다. 눈이 부시다.

맞은편 테이블에 젊은 여자가 앉아 있다. 흐트러진 배낭, 소지품들이 탁자 위에 어지러이 널려 있고. 얇은 스니커즈에 반바지를 입고 머리를 묶은 그녀가 커피 잔을 앞에 두고 책을 읽고 있다. 헐렁한 티셔츠 드러난 어깨 위로 여행자의 한가한 한때가 머물고 있다. 그녀의 모습도 프레임 속에 한 폭의 풍경이 된다. 저런 젊음이 부럽다. 다시 젊은 날로 돌아간다면 나도 저렇게 변할 수 있을까. 그녀를 보며 나도 때로는 다른 사람의 풍경이 되고 싶어진다.

우리는 늘 앉았던 긴 소파에서 많은 시간을 보낸다. 소소한 생활사며 아이들 이야기를 하다가, 기대어 책을 읽다가, 휴대폰으로 채팅도 하고. 서로 말을 하지 않아도 지루하지 않다. 브람스를 들으며 천천히 커피를 마신다.

여기서는 브람스의 곡만 들려준다. 브람스도 커피를 마시며 작곡했을까. 커피 한 모금에 선율을 떠올리고, 커피 한 모금에 깃털 달린 펜으로 악보를 그렸을까. 채 마르지 않은 잉크 묻은 가락들이 허공에 떠다녔겠지. 거기까지 상상하니 구석진 나무 의자에 더부룩한 수염을 매만지며 브람스가 앉아 있는 것만 같다. 음표를 그리는 펜촉 소리가 들리는 듯하고.

'브람스의 눈물'이라고 알려진 현악 6중주 2악장이 내 주위를 휩싸고 돈다. 허락되지 않는 사랑을 위해 떠나는 연인들의 뒷자락에 흐르는 음악이다. 브람스에겐 더욱 가슴 아픈 눈물. 눈물과 어울리지 않는 이 눈부신 날에, 찬란해서 오히려 더 가슴속에 파고든다.

이어지는 '헝가리 무곡 5번'. 남편은 눈을 지그시 감고 리듬에 맞춰 고개와 팔다리를 흔든다. 채플린의 영화 〈위대한 독재자〉에 등장하는 배우처럼. 우스꽝스러운 연미복을 입은 이발사가 궁둥이를 실룩거리며 뚱뚱한 독일 군인의 수염을 깎으려는 중이다. 이발사는 헝가리 무곡에 맞춰 가죽 칼갈이에 면도용 칼을 스윽슥 문지른다. 칼을 가는 동작과 음악이 어찌나 절묘하게 맞아떨어지는지, 마치 혁대에서 음악 소리가 나오는 것 같다. 그 손길이 예술적이라는 생각을 한다.

무엇엔가 집중하다 5분 정도 멍하니 있기를 해야 창조적인 생각과 사고력이 생긴다고 한다. 난 그곳에서 '멍 때리기'를 즐긴다. 일순 긴장과 스트레스가 풀어지고 온몸이 고무줄처럼 느슨해진다. 음악을 들으며 커피에 녹아드는 프림처럼 흐느적거린다. 나는 브람스에서 그 순간을 마음껏 누린다.

쏟아지는 햇살, 흐르는 음악, 곁에 있는 사람과 나의 육체와 정신이 온전한 것, 이 모든 것이 고마워진다. 살아 있다는 충만감이 온몸으로 차오른다.

브람스의 선율은 또다시 늘어지고, 카페에 흐르는 오후의 시간도 한없이 늘어진다. 시간이 정지된 것 같은 이 느림. 이렇게 느긋하고 여유로운 삶을 오래도록 지속할 수 있기를.

아직도 해는 중천에 떠 있고, 휴가지의 여름은 그렇게 흘러간다.

해 지고 어두우면 큰 소리로 부르던 나의 노래들
나는 늘 다른 세상으로 가고자 했으나
닿을 수 없는 내 안의 어느 곳에서 기러기처럼 살았다.
살다가 외로우면 산그늘을 바라보았다.

– 이상국 〈산그늘〉에서

내 기억 속의 노래들

나른한 봄기운과 식곤증이 여고생들의 부푼 허리를 감싸고 있는 5교시 국어시간. 수업시간에 단 일 분도 허투루 보내지 않기로 유명했던 선생님은 거의 빈사상태인 우리 모습에도 아랑곳없이 교과서를 펼치셨다. 두툼한 입술을 가진 인정 많은 분이지만 수업은 칼같이 시작하고 끝나는 시간은 고무줄 같았다. 도대체 쉬는 시간을 안 주셨다. 한 친구가 손을 번쩍 들었다.

"선생님, 제가 어젯밤에 시 한 편을 썼어요."

"어, 그래? 어디 낭송해 봐라."

그 친구는 장난기가 넘치는 표정을 감추고 오른손을 들어 허공을 가르며 잔뜩 감정을 넣어 시를 읊기 시작했다.

장미, 당신에게서 꽃내음이 나네요
잠자는 나를 깨우고 가네요
싱그런 잎사귀 돋아난 가시처럼
어쩌면 당신은 장미를 닮았네요

느닷없이 펼쳐진 시 낭송에 우리는 터지는 웃음을 참느라 입을 꽉 다물고 있었다. 모두 선생님께 눈을 모았다. 뭔가 흥미로운 일이 일어날 거라는 기대가 교실 안에 뭉그적거리던 봄기운을 밀어내고 튕겨나갈 듯 팽팽했다. 들키는 날에는 우리 모두 공범으로 영락없이 단체 기합을 받을 터였다.

"음…, 좋은데. 잘 지었네. 그런데 좀 속된 느낌이 드는구나."

바른생활 학구파 선생님이 당시 유행하던 대중가요를 알지 못하셨나 보다.

다음날 그 친구는 교무실로 불려갔다. 그러나 다시 나타난 그 친구는 손가락으로 'V' 자를 그리며 방긋 웃었다. 그 후 그분을 융통성 없는 선생님으로 기억하는 사람은 아무도 없었다.

고등학교 시절 그 노래는 유쾌한 기억으로 남았지만, 내 청춘이 불안했던 그 시절 내가 좋아하던 노래는 우울했다. 가족이 원하는 교대에 가면서 내 꿈은 물거품이 되었다. 나는 바다 밖으로 나가고 싶었다. 바다 밖에서 살고 싶었다. 넓은 세상으로 나가 매력적인 직업을 가지고 내 꿈을 펼치고 싶었다. 흰 셔츠 소맷단을 재킷 밖으로 접어 올리고 커다란 잡지를 손에 말아쥔 채, 빌딩 사이를 활보하는 워킹우먼. 내가 디자인한 옷이 쇼윈도에 걸리고 모델들이 런웨이를 걷는 꿈을 꾸었다. 때론 방송국에서 대본을 들고 바쁘게 뛰어다니는 상상도 했다. 나는 교대에 가기 싫었다. 매일 수업이 끝나면 시내 음악다방에서 시간을 죽이고 있었다. 젊은 날 할 일이 많은 시기였음에도 나는 꿈이 없었다. 세상이 나를 버린 것 같았다.

그때 나를 뒤흔든 노래가 있었다. 록그룹 켄사스가 부른 'Dust in the wind'였다. 세상만사가 바람에 날리는 먼지라며 우울한 목소리로 읊조렸다. 기타와 바이올린의 기막힌 어울림이 음조를 더 애절하게 만들었다. 나는 우주 속에 먼지 한 톨보다 더 보잘것없는 존재 같았다. 매일 먼지처럼 이리저리 흩날리며 이 노래를 주문처럼 웅얼거렸다. 내 인생이 빈껍데기 같던 시절이었다.

연애할 때 가족들의 반대로 나는 많이 지쳐 있었다. 사랑을 포기하고 싶었다. 어느 날 퇴근하고 오디오를 틀었는데 생상스의 '백조'가 흘러나왔다. 스피커에서 나오는 끊어질 듯 애절한 첼로 음이 나를 감전시켰다.

나는 옷을 갈아입지도 못하고 방바닥에 밀가루 반죽처럼 늘어졌다. 죽어가는 순간의 백조를 연기한 안나 파블로바. 날개를 파닥거리다 마침내 숨을 거두는 깃털의 미세한 떨림. 어지러웠다. 내 의식이 한 오라기도 남김없이 모두 기어나와 방바닥을 흘러다니는 것 같았다. 눈물이 쏟아졌다. 백조는 사랑을 얻지 못하고 죽었지만 나는 죽을 수가 없었다. 한참 후 마음이 편안해졌다. 나는 일어나 앉았다. 사랑을 쟁취할 수 있는 오기가 생겼다.

그이는 가끔 기타 연주를 들려줬다. 전주가 한참 흐른 후에 '다정한 연인이 손에 손을 잡고 걸어가는 길~'이 이어졌다. 그 울림이 가슴을 타고 전해지면 음악 속으로 들어가 그와 다정하게 손잡고 그 길을 걸어가는 것만 같았다. 낙원이 어서 오라고 손짓했고 나는 얼른 따라갔다. 그리고 그의 아내가 되었다.

큰아이를 가졌을 때, TV에서 흘러나오는 '북한강에서'라는 노래를 넋을 놓고 듣고 있었다. 다음날 퇴근하는 남편의 한 손에 엘피판 하나가 들려 있었다. 얼른 포장을 뜯고 턴테이블 핀을 얹었다.

저 어둔 밤하늘에 가득 덮인 먹구름이
밤새 당신 머릴 짓누르고 간 아침
나는 여기 멀리 해가 뜨는 새벽강에

떨리는 저음의 노래가 작은 방안 가득 퍼졌다. 눈을 감고 북한강으로 달려갔다. 두 발을 담그고 안개를 마구 휘저었다. 이슬 묻은 새벽 강가에 앉아 차가운 공기 속에 이제 막 깨어나는 우주를 마주하고 있었다. 안개가 서서히 걷히고 가슴이 열리고 세상이 열렸다. 아침마다 그 노래를 들으면 북한강의 잔잔한 물안개가 가슴 가득 피어올랐다.

나는 설거지를 하면서 곧잘 노래를 부른다. 흥겨울 리 없는 설거지가 노래를 부르면 싫다는 생각이 덜하다. 남편은 콧노래를 부르면서 일하는 내 모습을 좋아한다. '이왕 일할 거, 즐겁게 하라' 는 그의 삶의 모토에 부합하는 행동이기 때문이다. 유행가 대신 가끔 '가고파'나 '님이 오시는지', '청산에 살리라' 같은 노래를 흥얼거린다. 그때마다 아들이 장송곡 같다고 놀린다. 그러거나 말거나다.

'가고파'를 부를 때마다 꿈엔들 잊을 수 없는 그 장소에 서 있는 것처럼 나는 비장해진다. 그 노래에 얽힌 이야기 때문이다. 작곡가 김동진이 월남할 때 38선에서 북한 정보장교에게 체포되었다. 이제 죽을 일만 남았다. 뭐하는 사람이냐는 질문에 '가고파 김동진'이라고 했더니 장교가 한마디 했다.

"그러면 가고파를 한 번 불러 보시오."

어둠이 감싼 밖은 바람 소리도 숨을 죽였고, 인민군 장교 앞에

서서 그가 가늘게 노래를 부르기 시작했다.

내 고향 남쪽 바다

그 파란 물 눈에 어리네~

죽음을 눈앞에 두고 부르는 노래는 또 얼마나 처절했을까. 조용히 눈을 감고 노래를 듣던 장교의 얼굴에 눈물이 흘러내렸다.

"노래 정말 잘 들었소. 내려가서 좋은 노래 많이 만드시오."

장교는 남들 모르게 그를 뒷문으로 풀어 주었다.

죽음의 순간에 노래를 부르는 그와, 독일군 장교 앞에서 쇼팽의 야상곡을 연주하던 스필만*이 교차된다.

이데올로기도 무용지물로 만들어 버리는 예술의 힘.

먼지처럼 허무하게만 느껴지던 내 젊은 날들. 그래도 순간순간 마음을 어루만져 주는 노래들이 있어 조금 촉촉해지지 않았을까.

* 영화 〈피아니스트〉에서 폐허의 건물에 숨어 지내던 피아니스트 스필만은 독일군 장교에게 발각되었다. 장교는 그에게 피아노 연주를 해 보라고 한다.

달빛 때문이었을까

신윤복의 '월하정인月下情人'을 본다. 야심한 밤, 기와집 담 모퉁이에서 점잖은 양반가 젊은이가 아리따운 여인을 만나고 있다. 연인들의 데이트를 지켜보던 달은 가늘게 눈을 뜬 채 넘어가길 머뭇거리고, 여인은 수줍으나 연인에게 적극적인 자세다.

달빛 때문이었을까.

월침침야삼경月沈沈夜三更 양인심사양인지兩人心事兩人知, 달빛 어두운 밤 삼경에 두 사람 마음은 둘만이 안다라고 써 놓았지만, 그렇게 하지 않아도 두 사람 마음이 그대로 전해 올 것 같다.

남의 눈을 피해 눈빛만 주고받던 시대는 가고, 자유분방하게 감정을 드러내는 세상이 되었다. 출근길 거리에서 부둥켜안고 입맞춤을 하는 모습도 예사로 보인다. 자신의 사랑을 당당하게 표현하는 젊음이 예쁘지만, 때로는 드러내지 않은 은근한 사랑이 더 멋스러울 때도 있다.

연애할 때 우리는 밤길을 많이 걸었다. 월하정인처럼. 이 세상에 오직 둘만이 있는 것 같았기에. 그는 옆구리에 매미처럼 붙어 있던 나를 우리 집에 내려놓고, 대신 달빛을 옆에 끼고 다시 걸어서 집으로 갔다. 달밤에 빠져 죽은 처녀귀신의 곡소리가 들린다는, 그 곡소리에 홀려 사람들이 또 빠져 죽었다는 커다란 연못이 벼랑 아래 버티고 있는, 인가 하나 없는 길을 넘어.

얼마 전 고향에 내려갔을 때, 우리는 연애 시절로 돌아가기로 하고 천천히 걸었다. 지금은 몇 군데 가로등이 서 있고, 띄엄띄엄 있는 집에서는 월월이 소리가 들렸다. 오래전 메워진 연못 옆을 지날 때는 여전히 서늘한 기운이 느껴졌다. 키 큰 삼나무도 지났다. 그 나무 아래서 그가 사랑을 고백했었지. 부끄러운 입맞춤을 빤히 내려다보는 달빛을 가려준 나무였다.

길은 많이 달라졌지만 그때 기분은 달라지지 않았다. 텅 빈 길은 고요하고 달빛은 천지에 가득했다. 나는 그의 손을 잡고 바짝 기대어 걸었다. 데이트할 때 부르던 'Woman in love'가 나도 모르게 코맹맹이 소리로 흘러나왔다.

그렇게 달빛이 가득했던 한라산 윗세오름. 한동안 바람이 거셌다. 텐트가 찢어질 듯 펄럭이는 그 밤을 무사히 넘길 수 있을까 걱정스러웠다. 그런데 달이 떠오르자 신기하게도 사방은 적막강산이 되었다. 달빛이 온통 눈처럼 내리덮었고, 풀벌레 소리조차 멈춘 고요한 밤. 바람 한 점 없는 숲은 이불을 뒤집어쓴 듯 숨을 죽였다. 능선 풀밭에 가득한 달빛은 반짝이는 밤바다였다. 쏟아지는 별들을 올려다보고 있으려니 온 하늘이 내려와 나와 하나가 되는 것 같았다. 나는 광활한 자연 속으로 빨려 들어가고 있었다.

누구나 사랑에 대한 로망이 있다. 어떤 이는 공중을 날며 사랑을 해 보고 싶고, 어떤 이는 물속에서, 심지어는 이웃집 여자와 사랑을 꿈꾼다고도 한다. 교교한 달빛만이 흐르는 곳에서 나누는 사랑. 그런 환상적인 상상이 전혀 이상하지 않았다.

달빛 때문이었을까.

새벽 예불을 다니던 때, 날이 밝기 전 여름 새벽 공기는 신선했다. 후텁지근한 습기를 밀어내고 방금 썰어 놓은 수박 내음처럼 얼굴을 스쳤다. 미처 어둠을 밀어내지 못한 새벽달은 하늘 한 귀퉁이에 미적거리고 있었다.

아파트 주차장으로 가는 길. 달빛이 비스듬히 비추는 정자 벤치에 검은 그림자가 출렁거렸다. 무심히 다가가는 내 발자국 소리를 그들은 듣지 못했다. 남자의 무릎에 앉은 여인! 남자의 단단한 등을 부여잡은 여자의 손. 눈을 감고 고개를 쳐든 야릇한 얼굴. 그들은 열락의 순간을 맞고 있었다.

예상치도 못한 광경에 뜨거운 팥죽을 뱉어내듯 후다닥 그곳을 지나갔다. 정갈한 마음이 헝클어져 도저히 법당으로 갈 수 없을 것만 같았다. 돌아가려면 다시 그 길을 지나야 하는데. 행여 그들이 눈이라도 뜨면? 감당할 수 없었다.

황망히 법당에 앉았지만, 놀란 가슴은 가라앉지 않았다. 죄인처럼 얼굴도 들지 못하고 몇 번인지도 모르게 엎드려 절만 했다. 그들의 황홀경에 느닷없이 끼어든 침입자였으니 내가 죄를 지은 것인지도 모르겠다.

이 여름이 얼마나 저들을 달구었으면 집으로 보내지 못하고 붙들고 있었던 것일까.

정녕 달빛 때문이었으리라.

두 번째
만남

문중에서 선대 조부모의 묘가 있는 곳에 선산을 마련했다. 앞으로는 멀리 바다가 보이고, 뒤로는 얕은 언덕이 펼쳐진 완만한 곳이다. 이제 여러 곳에 흩어져 있던 분묘들을 한자리에 모시게 된 것이다.

종손 어른은 인시寅時로 정해진 파묘 시간에 유골을 수습할 수 있도록 장의사와 함께 곳곳의 묘지에 친척들을 무리 지어 보냈다. 시아버님 묘소로 가는 남편은 나중에 장지로 오라고 했지만 나는 서둘러 따라나섰다. 어둠에 싸여 사위는 적막했고 겨울 새벽 한기가 한꺼번에 밀려와 얼굴에 부딪쳤다. 소나무 밭을 건너 서걱거리는 마른 풀숲을 지나 아버님 묘소에 도착했다.

이제 길일을 택하여 가족묘지로 모시겠다고 고하며 예를 올렸다. 랜턴에 의지해 장의사와 몇 사람이 봉분을 조심스럽게 파헤

쳤다. 그 광경을 보는 것만으로도 섬뜩했다. 어쩐지 아버님 몸에 흉기를 들이대기나 하듯 몹쓸 짓만 같았다.

한동안 삽질이 조심스레 이어졌고, 흙 속에 수의를 입은 시신이 조금씩 드러났다. 묘 터가 좋으면 수의가 뼈에 곱게 달라붙고, 흙색도 곱다고 했다. 터가 좋지 않으면 물이 고여 있거나 나무나 고사리 뿌리가 뼈를 칭칭 감고 있기도 하고 뼈 일부가 없어지기도 하는데, 그러면 후손 중에 우환이 생긴다고도 했다.

아버님이 누워 계셨던 자리는 좋은 곳이었는지 명주옷만 뼈에 곱게 달라붙어 있었다. 장의사는 조심스레 해진 수의를 풀고 뼈를 하나하나 흰 천 위에 늘어놓았다. 새벽 별빛에 육탈한 뼈에서 인광이 서리는 듯했다. 장의사는 한 조각의 뼈도 사라지지 않도록 정성을 다하여 하나하나 맞춰 나갔다. 우리는 긴장하여 그 모습을 보고 있었다. 다 맞춰지고 나면 아버님이 생전의 모습대로 환생하기나 할 것처럼.

나는 아버님이 앓아누워 계실 때 딱 한 번 뵈었다. 연애할 때였는데 수액을 사들고 병문안을 간 적이 있었다. 병색이 깊은 얼굴은 초췌했지만 짙은 눈썹 아래로 눈빛이 맑으셨다. 숨 쉴 때마다 가늘게 들썩이는 이불이 몸을 내리누르는 듯 무거워 보였다. 아버님은 희미한 미소로 우리를 물끄러미 보시다가 링거를 꼽은 손으로 내 손을 꼭 잡으셨다. 그리고 아무 말씀이 없으셨다. 나는 그저 안타까운 마음으로, 아버님의 쓸쓸한 눈빛을 바라볼 뿐이었다. 그게 마지막이었다.

그 후 얼마 지나지 않아 아버님은 돌아오지 못할 먼 길을 가셨다. 아버님 가시는 마지막 길에 나도 가보고 싶었다. 그러나 그 집 며느리도 아닌데 가느냐고 엄마가 막아섰다. 결국 아버님의 마지막을 뵙지 못했다.

진눈깨비 섞인 겨울비가 내리는 날, 아버님을 차가운 땅에 묻고 왔다는 그는 고개를 들지 못했다. 그를 보니 나도 목이 메었다.

나중에 들은 일이지만, 아버님이 오래도록 누워계셨던 베갯머리 아래 우리 이름을 번갈아 수십 번 꾹꾹 눌러쓴 종이쪽지가 있었다는 것이었다. 마치 그와 내가 나란히 서 있는 모습을 그려 놓은 듯이.

'아버님은 이미 나를 며느리로 생각하고 계셨구나.'

나는 더욱 그와 헤어지면 안 되겠다고 생각했다.

8년이 지나고 겨울이 다 갈 무렵, 나는 아버님의 자식이 되었다.

"아버님, 저 왔어요. 절 올릴게요."

노랑 저고리 다홍치마를 입고 처음으로 아버님을 불렀건만

산소를 뒤덮은 마른풀 스치는 바람 소리뿐이었다.

시아버님은 법 없이도 살 수 있는 분이라고 동네에 소문난 어른이셨다. 며느리 사랑은 시아버지라는데, 친구들이 시아버지에게 받은 소소한 애정을 들을 때마다 나는 아버님이 그리웠다. 한 번이라도 아버님이 나를 부르는 소리를 듣고 싶었다. 아버님도 내가 끓인 따뜻한 국 한 그릇 드시지 못했다.

새 수의 위에 고요히 누워 계신 아버님은 실로 작았다. 삶의 끝자락에 계신 아버님을 처음 뵌 후, 오늘 또다시 아버님을 뵌다. 따뜻하게 잡아드릴 손도 없고 지그시 바라보는 눈빛도 없는 아버님을…. 그 차가운 새벽 미명 아래 하얀 뼈마디로 나를 다시 만나고 계신 것이다.

"아가야, 왔느냐?"

환청인가. 아버님이 다정하게 부르는 소리가 들리는 것 같았다.

온기를 담은 그 한마디가 세월의 강을 건너 이제야 들리는 것이었다. 그땐 알지 못했다. 손을 맞잡고 눈빛으로 전하던 말이 얼마나 간절했는지를. 아들이 짝을 만나 딸 아들 낳고 사는 모습을 얼마나 보고 싶으셨을까. 우리 이름을 쓰면서 그 속에 못다 한 말씀을 다 써 놓으신 것은 아니었을까. 진정 아버님은 나를 사랑해 주고 가신 것이었다.

이장은 엄숙하게 치러졌다. 입관한 열두 분을 새로 만든 묘 앞에 모셔 놓고, 하관 시간에 맞추어 일가친척 자손들이 일제히 도열해 있는 가운데 제를 지내는 모습은 한 편의 장대한 서사시 같았다.

아버님은 이제 외롭지 않을 것이다.

'아들네가 서울 산다며?'

'예, 형님. 작은 손주가 벌써 학교에 입학한다는군요.'

친지분들과 나란히 누워 말씀을 나누실 것이다.

남편이 아버님 묘소 주변을 돌며 새로 덮은 떼를 꼭꼭 눌렀다. 나도 새로 세운 비석을 천천히 쓸어내렸다.

다시 찾은 결혼식

새내기 동료 교사가 며칠 후에 결혼을 한다. 반짝이는 큰 눈, 작고 하얀 얼굴, 세련된 옷차림이 금방 화보에서 튀어나온 연예인 같아서 우리는 그녀를 '화보'라고 부른다. 결혼식 날이 다가올수록 달뜬 그녀 얼굴이 꿈에 젖은 듯 보였다. 그 시절 나도 그랬는데.

우린 서울에 있었지만 양가 부모님은 제주도에 계셔서 고향에서 결혼식을 했다. 결혼식 날 아침은 눈이 많이 왔다. 제주에서 좀체 볼 수 없는 함박눈이 새벽부터 쏟아져 차가 다니지 못할 정도였다. 수십 년 만에 폭설이 내린 해에 태어나 이름조차 '雪子'가 되었는데…. 사람들은 결혼식 날 눈이 오면 잘 산다며 걱정하는 엄마를 위로했다.

예식이 끝나고 신랑 집으로 가는 차 꽁무니에는, 장난스런 친구들이 깡통들을 실에 엮어 매달았다. 질주하는 차 뒤로 우리의 결혼을 온 세상에 알리는 요란한 소리가 굴러갔다.

야외 촬영을 위해 잠시 들른 용머리 바닷가. 차가운 겨울바람이 얇은 드레스 속을 파고들었다. 얼굴이 푸르뎅뎅 얼었지만 사진사가 시키는 대로 포즈를 취했다. 신랑이 나를 번쩍 안아 돌리다가 모래밭에 쓰러지기도 했다. 거친 바닷바람이 드레스를 휘감았고 면사포가 날아갈 듯 휘날렸다.

양가 친척들에게 인사를 올리고 덕담을 듣는데, 시댁 친척들이 하도 많아 어지러웠다. 친정 어른들을 배웅하는데 오빠가 내 손을 잡았다. 오빠는 신랑의 어깨를 다독이고 친척분들과 차에 탔다. 멀어져 가는 차를 보니 눈물이 났다.

신혼여행을 끝내고 우리는 일상으로 돌아왔다. 그는 직장으로 나는 학교로 매일 바쁘게 지내던 어느 날, 제주도에서 전화가 왔다. 웨딩 촬영을 했던 사진기사였다. 영상을 담은 비디오테이프를 카메라와 함께 도난당했다는 것이었다. 여름휴가 때 내려오면 약식으로라도 웨딩 촬영을 다시 해 주겠다며 연신 죄송하다는 말을 하는 것이었다.

기가 막혀 말이 안 나왔다. 결혼식 전부를 담은 영상이 통째로 사라지다니. 다시 찍는다고 그날을 어떻게 살려 낼 수 있단 말인가. 영상에 담긴 그 모든 장면들을 어떻게 다시 재현해 낼 수가 있단 말인가. 무슨 수로 시간을 되돌린단 말인가. 결혼식을 다시 할 수도 없는 노릇이고.

결혼을 도난당한 것 같았다. 며칠 동안 밥조차 먹을 수 없었다. 생각하면 눈물이 나고 속이 상했다. 남편은 사진이라도 있으니 다행이라고 위로했지만 내겐 그 말이 들리지 않았다. 신랑집에서 드레스를 벗을 때, 귀고리 한쪽이 없어진 사실을 나만 알고 있었는데. 그게 서막이었나.

그래도 이건 아니었다. 단 몇 장의 흑백사진으로 남은 부모님의 결혼식처럼 될 것을 생각하니 가슴이 찢어지는 것 같았다. 일생에 단 한 번뿐인 우리의 가장 아름답고 빛나던 순간이 사라지다니.

며칠 후 제주도에서 또 전화가 왔다. 비디오테이프를 찾았다는 것이었다. 무비 카메라만 훔쳐가고 이웃집 옥상에 버려진 녹화 테이프에는 고스란히 영상이 들어 있다는 말에 한순간에 마음이 밝아졌다. 결혼을 다시 돌려받은 기분이었다.

드디어 소포가 왔다. 포장을 뜯자마자 비디오를 틀었다. 스프링 테마가 잔잔하게 흐르고 결혼 예복을 입은 신랑과 신부의 모습이 보였다. 우리 집 대문을 들어서는 다부진 몸에 단단한 이마, 짙은 눈썹에 약간 상기된 신랑 얼굴 위로 함박눈이 내리고 있었다.

마당에 친 천막 아래에는 잔칫상들이 즐비하고, 신랑 친구들이 웃고 떠드는 사이로 입김이 피어올랐다. 음식을 내가라는 아주머니들의 목소리가 왁자지껄했다. 댓잎으로 장식한 아치 모양의 신랑집 대문 안에서도 신부를 맞을 준비로 들썩이고, 마당에 있는 간이화로 드럼통에는 장작불이 피어올랐다.

주례사가 한창인데, 엉덩이가 부풀려진 멜빵바지 주머니에 두 손을 집어넣고 '곰곰'고모 하며 고개를 비틀고 나를 올려다보는 네 살배기 오동통이 조카 때문에 신부는 간신히 웃음을 참느라 고개를 숙였다. 홍조 띤 신부 얼굴을 바라보는 신랑도 웃고 있었다. 기념 촬영을 할 때, 키 작은 누군가 발돋움하는 모습, 신랑과 한입으로 음식을 먹으라는 성화에 못 이겨 면사포로 살짝 가린 어색한 입맞춤. 절하는 사위와 딸의 모습을 흐뭇함 반 아쉬움 반으로 바라보시는 부모님 얼굴이 오래 클로즈업되었다.

하마터면 살아 움직이는 우리의 특별한 순간들을 영원히 잃을 뻔했다. 결혼식은 누구에게나 특별하지만 나에겐 더없이 특별한 결혼식이 되었다. 정말 잘 살아야겠다는 생각도 들었다.

가끔 그것을 볼 때마다 처음처럼 새 기분을 느끼게 된다. 지금은 이 세상에 없는 분들도 거기서는 언제나 웃는 얼굴로 살아 계신다. 남편과 손을 꼭 잡고 유채꽃 사이로 환하게 웃으며 걸어가는 모습은, 무료한 일상에 젖어 식어 가던 삶을 데워 주기도 한다.

그 도둑은 상심할 신혼부부가 마음에 걸렸던 것일까. 남의 결혼식까지는 훔치고 싶지 않았던 것일까. 아마도 그의 마음속에는 선량한 마음이 남아 있었던 것이 분명했다.

내 인생에 가장 결정적인 그 순간을 다시 돌려준 도둑에게 난 오히려 고마운 마음이 가득하다.

소중한 선물

나는 평소에 물건을 잘 잃어버린다. 얼마나 흘리고 다녔으면 남편이 자식도 흘리고 다닐 엄마라고 놀리기까지 했다. 무엇에 집중하면 다른 생각을 못하기 때문이다.

남편이 결혼 20주년 선물로 비싼 반지를 해 주었다. '영원히 변하지 않는 마음'을 생각하며 그 반지를 항상 끼고 다녔다. 처음에는 손을 씻거나 일을 할 때 자꾸 빼게 되었다. 반지는 빼면 잃어버린다고 친구가 말했지만 마음에 두지 않았다.

어느 날 분명히 화장대 위 반지통에 놓고 잤는데 아침에 보니 없었다. 쓰레기통도 모두 비우고 집안을 이 잡듯 뒤졌다. 손을 씻으며 잠시 뺐던 기억이 나는데, 다시 낀 것도 같고 안 낀 것도 같고 혼란스러웠다. 하룻밤밖에 지나지 않았는데 생각할수록 기억은 뒤엉켰다. 시간을 되돌리고 싶었다. 남편은 한동안 내 손의 반지를 확인했다.

“응, 디자인이 마음에 안 들어서 다시 세팅하려고 맡겼어.”

얼버무리듯 대답은 했지만 내 속은 타들어갔다. 어떻게든 그걸 찾아야 했다. 그런데 무슨 수로 찾는단 말인가. 이미 여러 번 집안을 뒤집었는데. 결혼 20년을 통째로 잃어버린 것 같았다.

결국 반지를 다시 샀다. 그러고도 한동안 입안이 깔깔했다. 남편에게 또 미안했다. 하지만 물건을 잘 잃어버리듯 속상한 생각도 곧 잊어버렸다.

2년이 흐른 어느 날, 집안을 정리하려고 청소업체를 불렀다. 여러 명이 집안 구석구석을 청소하고 서랍 속 잡동사니까지 일일이 정리해 주었다. 안방을 정리하는 분께 지나가듯 말했다.

“제가 액세서리를 많이 잃어버렸어요. 꼭 찾아 주세요.”

몇 시간이 흘렀을까.

“사모님, 여기 반지 하나 있네요.”

“어머나 세상에, 어디 있었어요? 이거 엄청 찾았는데….”

“서랍장 레일에 끼어 있던데요.”

나는 소리를 지르며 아주머니를 꽉 껴안았다. 그리고 봉투를 두 개 준비했다. 하나는 청소팀 식사비, 하나는 아주머니께 드리는 고마움의 표시였다. 기쁜 재회의 대가이기도 했다. 청소업체 대표에게 이 일을 꼭 말하고 싶었다.

사장님, 회사 직원분이 제게 정말 소중한 것을 찾아 주셨어요. 이렇게 정직한 직원들을 두셔서 참 좋으시겠어요. 얼마나 열심히 청소하고 꼼꼼하게 정리해 주시는지 몰라요. 직원들을 많이 칭찬해 주세요. 주변에 많이 홍보해 드릴게요. 정말 감사합니다.

그는 직원으로서 당연히 할 일을 한 것이라고 겸손해했다. 회사 홈페이지에도 고맙다는 글을 올렸다.

시간이 지나고 그 아주머니에 대해 생각해 보았다. 방에서 혼자 일하고 있었고, 마음만 먹으면 가져가도 아무도 모를 일이었다. 그 상황에서 혹시 갈등은 없었을까? 어쩌면 비싼 보석인지 몰랐을 수도 있다. 어쨌든 이런 분들이 있어 아직 세상은 건재한지도 모른다.

나는 잃어버렸던 결혼 20년을 다시 찾은 기분이었다. 덕분에 비싼 반지가 두 개나 되었다. 다시 찾은 반지는 아이들 결혼 예물로 쓰기로 했다. 신뢰를 지키며 살라는 의미로 주는 더없이 소중한 선물이 될 것이기에. 그것은 남편과 사랑의 징표이고, 사랑을 이어주는 고리가 되었듯 아이들에게도 그럴 것이다. 그 날이 올 때까지 서랍 속에서 저 혼자 반짝이고 있을 것이다.

당신,
멋있어!

남편은 담배를 일찍부터 피웠다. 담배를 끊으라고 하면 언제나 궤변을 늘어놓는다. 스트레스 때문에 빨리 죽느니 차라리 담배로 풀어야 더 오래 살 수 있다는 것이다. 생각해보면 그가 담배를 끊지 못하는 데 나도 일조를 했던 것이 사실이다.

연애할 때, 퇴근하고 약속한 다방 문을 열면 엄지와 중지 사이에 담배를 끼우고 이마 언저리를 지그시 누른 채 책을 읽는 그의 모습이 눈에 띄었다. 손끝에선 항상 푸르스름한 연기가 피어났다. 그는 한 시간이나 일찍 와서 담배와 함께 나를 기다렸다. 공부할 때도 그의 손에는 항상 담배가 끼어 있었고, 그의 인내심처럼 긴 연기가 끊임없이 피어났다. 나를 데려다주고 2킬로가 넘는 깜깜한 길을 걸어서 집으로 돌아갈 때도, 그 옆에는 항상 긴 꼬리의 담배 연기가 따라갔다.

어느 날 음악다방에 들어서는데, 그가 고뇌에 빠진 표정으로 담배를 이마에 대고 앉아 책을 읽고 있었다. 어두운 조명 아래 푸른 연기가 천천히 피어오르며 미묘한 세계를 허공에 그려내고 있었다. 그가 입은 브라운색 윗도리 위로 내려앉은 가을 노래 탓이었을까. 그날따라 그 모습이 눈에 더 띄었다. 담배 피우는 장면이 유난히 많이 나오는 영화 〈화양연화〉에서처럼 천천히 피어나는 담배연기 속으로 음악이 흐르는 그 분위기는 말할 수 없이 고독해 보였다. 나는 잠시 멈춰 서서 그를 바라보다 그만 씻을 수 없는 말을 내뱉고 말았다.

"자기, 담배 피는 모습이 넘 근사해!"

연애할 때 최대의 콩깍지였다. 근사할 것도 많지. 하필이면 담배 피우는 모습이라니. 그 한마디가 평생 남편에게 담배를 달고 살게 할 줄이야.

애들이 어렸을 때 담배를 끊으라고 있는 대로 신경질을 부렸다.

"담배 피는 거 근사하다며?"

"하나도 안 근사해."

그렇게 소리를 지르고 타박해도 지나가는 오토바이마냥 휭 넘어가 버렸다.

가위로 담배를 조각내기도 하고 현관 밖으로 내쫓기도 하고 몇 번 금연 보조도구를 사다 주었지만, 본인의 의지가 없는 금연은 지켜질 리가 없었다. 담배를 끊으면 매일 발을 씻겨 주고 왕처럼 모시겠다고 달래기도 했다. 한 삼 년 끊은 적이 있었는데 어느 순간 무너지고 말았다.

딸이 원하는 대학에 가면 담배를 끊기로 딸과 각서를 썼다. 가족들 앞에서 서명하고 지장까지 찍었다. 그 후 딸은 약속을 지켰지만 아빠는 약속을 지키지 못했다. 남편이 아이들과 유일하게 못 지킨 약속이었다.

한 달 안에 담배를 끊을 수 있는 파이프를 어버이날 선물이라면서 딸이 사 왔다. 매일 검사하는 딸의 눈초리를 의식해 남편은 담배 맛이 없어진다는 그것에 담배를 끼워 피우고 있다. 과연 이번엔 끊을 수 있을까. 내가 보기엔 별로 희망이 없어 보인다.

아버지는 나 때문에 담배를 끊으셨다. 발령이 난 후 집에서 살게 되었는데, 사방으로 터진 시골집인데도 오랜 세월 집안 곳곳에 담배 냄새가 배어 있었다. 매일 담배 때문에 아버지와 실랑이를 벌였다. 아버지가 피우시는 담배는 연인처럼 멋있어 보이지 않았다. 급기야 담배 냄새 때문에 나가 살겠다고 최후통첩을 하기에 이르렀다. 아버지는 하루에 몇 개비씩 줄이더니 석 달만에 완전히 끊으셨다. 난 그게 좋아서 아버지께 과자나 간식거리를 매일 사다 드렸다. 평생 엄마의 잔소리로도 끊을 수 없었던 담배를 단칼에 끊은 아버지가 존경스러웠다.

아들은 담배를 피우지 않는다. 흡연 때문에 석탄처럼 변해 버린 폐 표본을 어렸을 때 보고 끔찍해했다. 다행이다. 두 사람이 담배를 피워 댄다면 우리 집은 너구리 소굴이 되었을 것이다. 식구들의 갖은 구박을 들으면서 피우고 싶을까. 다른 일에는 그렇게 의지가 강하고 자기 관리를 잘 하면서 담배는 왜 끊지 못하는 것일까.

참 이상한 일이다. 연애할 때 담배를 끊지 않으면 만나지 않겠다고 결별을 선언했으면 간단했을 것을. 그때는 왜 담배 냄새가 역하지 않았을까. 연인 고유의 체취라고 생각했을까. 스스로 그 냄새가 거북해질 때 바로 끊는다고 하는데. 그러나 그때가 되면 죽을 때가 다 된 것이 아닐까.

산불을 끌 때 맞불을 놓아 방어선을 만든다고 한다. 내가 같이 피울까? 그러면 남편이 담배를 끊을까? 그런데 한때 기억으론 절대! 네버! 입에 대고 싶지 않다. 그러니 맞불은 물건너갔다.

어느 날 호프집에서였다. 남편이 피는 담배가 하도 맛있어 보였다. 호기심이 발동했다. 남편이 화장실에 간 사이에 나는 담배 한 개비를 꺼내 입에 물었다. 불을 붙이고 용기를 내어 연기를 죽 빨아들였다. 매캐한 연기가 목으로 빠르게 넘어가더니 젖은 나뭇잎 태운 냄새 같은 것이 맵기도 하고 쓰기도 하고 목이 아프고 독했다. 방금 삶은 무를 덥석 입에 문 개처럼 뱉어내지 못하고 캑캑거렸다. 이게 그렇게 맛있는 걸까. 이런 것을 왜 피울까. 남편이 오기 전에 얼른 뒤처리를 하고 기침을 삼키며 새초롬하니 앉아 있었다.

스트레스 한 번 받을 때마다 4백 가지가 넘는 병인病因 물질이 나온다는데.

"그냥 둬. 아직 건강하다는 뜻이야."

누군가는 그렇게 말하기도 한다.

'그래, 병이 나느니 차라리 변기에서라도 고달픈 하루를 날려버리는 게 나을지도 몰라.'

나의 이런 허용적인 태도가 문제이기도 하다. 죽기 살기로 싸우면 어떻게든 끊겠지만, 그걸 내가 피하고 있기 때문이다.

그에게 담배 물기는 어쩌면 어린 시절 집을 떠나와 마음속에 배인 결핍 때문인지 모른다.

어쩌다 화장실 문틈으로 거울에 비친 남편의 모습을 보게 되었다. 변기에 쭈그려 앉아 담배를 피우는 남편이 그렇게 작아 보일 수 없었다. 혼자 숨어 담배를 피우는 게 안됐기도 했다.

방금 담배를 피우고 나온 남편의 어깨 위에 연애할 때처럼 푸른 연기가 남아 있다. 나는 어느 순간 남편의 궤변에 동의하기에 이르지 않을까 불안해진다.

'당신, 담배 끊으니 정말 근사해!' 란 말을 언제 할 수 있을까. 아마 그럴 일은 없을 것 같다. 설령 담배를 끊는다 한들 다 늙은 모습이 결코 멋져 보이지 않을 테니까.

하지만 그 한마디를 할 날이 꼭 왔으면 좋겠다. 남편이 담배를 끊게 된다면 그때 아꼈던 말을 해 줄 것이다.

'당신, 완전 멋있어!'

우산을 같이 쓰고

물 폭탄이 따로 없다. 잠깐 나갔다가 빗속에 잠겼다. 우산에 빗방울 떨어지는 소리를 좋아하지만 정도가 지나치다. 정지된 화면 같은 사방에 빗줄기만 가득하다. 비 피해가 없어야 할 텐데. 이런 비, 기억난다.

어느 주말 오후, 산책이나 하고 오자며 나섰다. 한바탕 요란하게 쏟아지던 비가 그치기는 했지만, 검은 구름이 빠르게 뭉치며 소나기가 또 쏟아질 기세였다. 우리는 커다란 아베크 우산을 준비하고 길을 나섰다. 짐을 들기 싫어하는 남편은 나더러 그것을 들라고 했다.

"당신이 들어야 멋있어. 큰 칼 찬 것같이 어울리는데?"

남편은 마지못해 우산을 들었고, 나는 작은 손가방을 달랑 매고 한들한들 따라갔다. 비가 쓸어내린 길은 물걸레로 닦은 것만큼이나 반짝였고 나뭇잎들은 저마다 맑은 색이 선명했다.

두터운 구름 뒤로 아직 해가 남아 있었는지 하늘은 군데군데 노을 기운이 서려 있었다. 그런 시간에 산책하는 것이 참 좋았다. 소리 없이 어스름을 데리고 오는 공기는 대낮의 강렬했던 기운을 살짝 숨죽여 편안하게 해 주었다. 노을이 번지다 차츰 사라지는 따뜻한 기운도 좋다. 부드러운 공기가 뺨을 스치는 것은 더 좋다. 나도 모르게 콧노래가 나왔다.

"이 빗속을 둘이 걸어요~ 아무도 없는 여기서 저 세상 끝까지~"

한강 둔치에 다다랐을 때 갑자기 천둥이 치더니 비가 쏟아지기 시작했다. 곧 그칠 소나기려니 했다. 비는 점점 거세졌고 퍼부었다. 제법 큰 우산이었는데도 빗물이 마구 들이쳤다. 그이 옆에 찰싹 붙었다. 더운 기운이 훅 올라왔다.

연애할 때 나는 비 오는 날 우산을 같이 쓰고 걷는 것을 좋아했다. 걸으며 끝없이 이야기를 했다. 주로 내가 떠들었고 그는 가만히 듣다가 결론을 내려 주곤 했다. 그의 팔짱을 끼고 걸으면 따뜻했다. 이대로 결혼을 해도 좋을 것 같았다.

결혼하면 나는 해 보고 싶은 것이 있었다. 챙 넓은 플로피 모자를 쓰고 흰 블라우스에 플리츠 스커트를 입고 아이들을 앞세우고 나들이를 가고 싶었다. 기다란 바게트 빵과 포도와 사과를 넣은 멋들어진 피크닉 바구니를 들고, 나무 그늘에 두꺼운 천을 깔고 누워 아이들에게 책을 읽어 주고 나란히 누워 흘러가는 구름을 보는 것이었다. 풀벌레를 잡으러 뛰어다니는 아이들을 지켜보며 남편과 미소 짓고, 쇠라의 '그랑자트 섬의 일요일 오후' 처럼 그런 낙낙한 날들을 보내고 싶었다. 그러면 진짜 행복할 것 같았다.

그렇게 상상하던 '피크닉'은 과자를 담은 비닐봉지를 들고 반바지 차림으로 돗자리에 앉아 김밥을 먹는 것으로 바뀌고 말았다. 그래도 하루살이 무리들을 따라 뛰어다니는 어린것들을 보고 많이 웃었다. 나무 그늘에서 책을 몇 번 읽어 주기도 전에 아이들은 다 커버렸고.

비가 더 거세지고 천둥 벼락이 쉴 새 없이 내리쳤다. 하늘이 쪼개지듯 진동했다. 강 건너 빌딩 숲은 흔적도 없이 사라지고 뿌연 빗줄기만 강물과 맞닿아 있었다. 빗물이 일으키는 물안개와 강과 우리뿐이었다. 폭포 앞에 서 있는 듯 세찬 빗줄기에 우리는 섬처럼 갇혔다.

비를 피하려 우리는 꼭 붙었다. 어깨에 얹은 남편의 손이 따뜻했다. 둘이 한 우산을 쓰고 걸었던 기억이 가물가물했다. 어깨를 맞대고 걸으니 행진하는 군인처럼 발도 척척 들어맞았다. 웅얼거리는 그의 노랫소리가 귓불을 간지럽혔다. 옷은 이미 흠뻑 젖고 등으로 빗물이 사정없이 흘러내렸지만 나는 이 순간이 오래 갔으면 했다.

잊어버린 소소한 기쁨들. 영화 〈아웃 오브 아프리카〉에서처럼 머리를 감겨 주거나, 늦게 온 남편의 발을 씻겨 주거나, 식당에서 나올 때 신발을 나란히 놓아 준다거나, 무료한 낮에 무릎에 뉘어 귀지를 파준다거나, 발톱을 깎아 준다거나, 입술에 묻은 음식을 휴지로 닦아 준다거나, 그런 것들은 드라마에서나 보는 일이 되어 버린 지 오래다.

힘들이지 않아도 할 수 있는 사소한 일들. 반복되는 일상에 익숙해지면서 당연하게 여겨지고 가슴 설렘이나 두근거림이 묻히고 잊혔다. 작은 배려에 대한 고마움을 잊고 살았다.

행복은 그게 우산 크기만 한 것일지라도 아주 오래 따뜻해질 수 있다는 것을, 잔잔한 기쁨이 인생의 마디마디를 단단하게 연결하여, 삶 전체를 소나기 그친 밤하늘에 뜬 별들처럼 반짝이게 한다는 것을, 우산 속에서 깨닫는다.

오늘 저녁은 그가 좋아하는 김치찌개를 끓여 줘야겠다.

모든 것이 기우뚱한 것은
바로 그때였다.

– 카뮈 《이방인》에서

천국에서 떨어진 사나이

아들이 태어났을 때, 천국에서 내려온 줄 알았다. 내 뱃속에 저리 놀라운 아기가 있었다니. 조그만 생명체가 꼬물거리며 동그랗게 눈을 뜬 모습. 아기를 처음 낳은 것도 아니었는데. 시어머니는 한시도 손주 곁을 떠나지 않았다. 제대로 아이를 안을 기회도 없어진 어미는 역할이 바뀌기나 한 것처럼 서러웠다.

아기는 할머니를 더 따랐다. 아침과 저녁에만 보는 엄마 얼굴이었으니 할머니에게 더 애착이 가는 것은 당연했다. 내가 진짜 엄마이긴 한 거냐고 남편에게 투정을 부리곤 했다. 키워 주시는 노고도 잊은 채 퇴근하자마자 아들을 빼앗듯이 데려오는 철없는 엄마였다.

통통한 아기를 업으면 허리가 휘청거렸지만, 이층 계단을 오르

내리면서 시장에 가고 저녁을 하고 옥상에 널린 빨래를 걷었다. 조금이라도 더 나의 냄새와 심장 소리를 아기에게 전하고 싶었다.

어느 날 퇴근해 왔더니 어머니가 심각한 표정으로 말씀하셨다.

"아이를 보다가 얼풋 잠이 들었거든. 할아버지가 아기 구덕 앞에 와서 손자를 지그시 내려다보시고 있는 게 아니겠니?"

퍼뜩 깨어 보니 꿈이었다고 한다.

자라서 그 이야기를 들은 아들은 할아버지가 보이지 않는 투명한 방패처럼 자기를 지켜 준다고 생각했다. 학교에서 딱 한 명이 가는 영어 캠프에 뽑힌 것도, 길을 건너는 자신 앞에 25톤 트럭이 멈춘 것도, 심지어 대학에 가게 된 것도. 좋은 일이 생길 때마다 할아버지 덕이라고 믿었다.

그런 믿음이 나쁠 것은 없다. 어딘가 기댈 곳이 있는 사람은 행복하다. 그런 긍정적인 태도가 살아가는 데 보탬이 되기도 한다. 하지만 어려운 일을 해내야 하는 고비마다 아들은 할아버지의 보살핌을 믿고 요행을 바라는 것은 아닐까, 한편으론 걱정도 되었다.

그날 우리는 지방에 있다가 늦게 집에 왔다. 아들의 부재가 궁금하여 문자를 보냈더니 후배들과 있다고 하여 그리 알고 있었다.

그런데 그게 아니었다. 그 시간 아들은 응급실에서 CT 촬영을 하고 엑스레이를 찍고 있었다. 선배의 부축을 받으며 나타났을 땐 우리 모두 입을 다물지 못했다. 집에 돌아온 아들은 다리에 부목을 대고, 양쪽 허벅지까지 하얗게 붕대를 감고 있었다. 미라였다. 그 순간에도 천연덕스럽게 계단에서 넘어졌다고 별거 아닌 듯 얼버무리는 아들에게, 선배가 사실대로 말씀드리라고 아들의 옆구리를 찔렀다.

학회를 마치고 선후배들과 작은 술집에서 뒤풀이를 하기로 했죠. 저녁 어스름이 지나자 화려한 간판들이 출렁이는 먹자골목은 흥청거렸어요. 이층 커다란 격자무늬 창은 지중해의 느긋한 카페처럼 기분 좋게 활짝 열려 있었고. 열띤 토론과 강한 비트 음악으로 술집은 시끄러웠어요. 한 순배 술이 돌았을 때, 안쪽에 앉은 후배가 화장실에 간다기에 평균대 같은 의자에서 일어났어요. 좁은 자리 때문에 다리를 쭉 펼 수가 없었죠. 구부정한 채로 엉거주춤 균형을 잡으려 창틀을 잡았죠. 그런데 창틀이 아니었어요. 허공을 잡은 거였죠. 온 체중을 팔에다 실었으니 허리께인 창틀을 훌랑 넘어 공중곡예를 한 거죠. 눈앞에 있던 묵직한 놈이 창문 밖으로 연기처럼 사라지는 것을 본 선후배들의 비명소리와 네온사인들이 유성우로 화르르 도는 그 순간에, 어?

왜 이러지? 떨어질 각이 아닌데…. 그때 그런 생각이 들더라고요.

떨어지는 각도는 '기우뚱' 이었다. 잠깐의 기우뚱으로 아들은 영원히 돌아오지 못할 뻔했다. 비틀어진 각도로 인해 인생이 꼬이기도 하는 것이다. '모든 것이 기우뚱한 것은 바로 그때였다.' 《이방인》의 뫼르소가 총을 꺼내 아랍인을 죽이게 된 것도 '기우뚱' 이었다. 어쨌든 아들은 죽음에서 살아 돌아왔다. 2층에서 떨어진 아이가 그리 멀쩡할 수는 없는 일이었다. 혹시 아들이 천국에서 떨어진 '미하일' 은 아니었을까. 공교롭게도 그 술집 이름은 '천국' 이었다.

나중에 병원에 가서 부목을 풀고 검사 결과를 봤더니 약간의 찰과상과 햄스트링 증상 외에는 다친 곳이 없었다. 어쩌면 아들은 조상의 음덕으로 무사했던 것인지도 모른다. 할아버지는 늘 손주를 지켜 주는 '어디선가 나타나는 수호신' 이 틀림없었다. 술로 적당히 풀린 몸, 아래층 가게의 어닝, 할아버지의 보호…. 그 모든 것이 아들을 살린 것이다.

그러니 그 모든 것들에 감사하지 않을 수 없다.

돌아온 운동화

아들이 입영하는 날. 논산훈련소 가는 길에 점심을 먹으려고 시내 식당에 갔다. 한동안 못 볼 터이니 맛있는 것을 먹이고 싶었다. 아들이 좋아하는 육회비빔밥을 주문하고 고기도 구워 주었다. 말없이 먹는 녀석의 파르라니 깎은 머리가 낯설었다.

점심을 먹고 나오는데 아들이 당황해했다.

"어? 신발이 없어요!"

조금 전 벗어 놓은 운동화가 감쪽같이 사라졌다. 황당했다. 안주인은 짐작이 가는 데가 있는지 주인아저씨를 불렀다.

"여보, 그 맨날 술 먹고 밥 먹으러 오는 아저씨 있잖아요. 그 삼촌이 신고 갔나 봐. 아휴 정말, 왜 남의 신발을 신고 갔대? 술은 잔뜩 취해 가지구…."

주인아저씨가 어디론가 전화를 하며 나갔다. 아주머니는 아직 입소 시간이 충분하니 조금만 기다리라며 우릴 안심시켰다.

잠시 후 돌아온 주인아저씨가 연락이 되지 않는다며 미안해했다.

"여기 운동화 파는 데가 어디 있을까요?"

남편은 못마땅한 것을 삼키며 담담하게 말했다.

"허, 참 이런 일이. 제 아들 신발이라도 신고 가실래요? 어차피 오늘만 신으면 내일은 전투화가 지급되니까요."

어느 틈에 아주머니가 꽤 좋은 운동화를 들고 나왔다. 좀 작았지만 아들은 말없이 발을 억지로 구겨 넣었다. 신발을 찾으면 집으로 보내 달라고 부탁하고 씁쓸한 얼굴로 식당을 나왔다.

차를 타고 연무대까지 가는 동안 아무도 말을 하지 않고 태연한 척하고 있었다. 하필 신발을 잃어버리다니. 군에 가는 아들에게 이런 일이 생기다니…. 눌러도 올라오는 불길한 생각을 없애려고 카오디오 노랫소리를 높였다. 그래도 원망스러운 말이 튀어나올 것 같았다. 나는 속이 타서 물 한 모금을 입에 물었다. 남편도 딸도 아들도 아무 말이 없었다.

"잘 다녀올게요."

아프지 말라고 다독이며 안아 주었다. 식구들을 차례로 안아

주고 어색하게 웃으며 연병장으로 달려가는 아들을 젖은 눈으로 보고 있었다. 달려가는 모습 뒤로 먼지바람이 지나갔다. 문득 왼팔로 쓱 눈가를 훔치는 아들의 뒷모습이 보였다. 순간 신발이 다시 떠올랐다. 제발 아무 일 없이 훈련을 잘 마치기를….

집에 오자마자 절에 들러 등을 달았다. 등에 매달린 무탈한 군 생활을 비는 발원 쪽지가 흔들렸다.

신발이 돌아오길 기다리며 나는 좌불안석이었다. 다치지나 않을까, 총기를 다루다가 혹여 사고라도 나면 어떡하나, 괜한 걱정으로 마음이 조여들었다. 불현듯 이승과 저승의 경계를 떠올리게 하는 '신발'이 내 마음을 어지럽혔다.

하얀 수술 시트를 덮고 수술실로 가던 다섯 살 아들. 탈장 수술 때문에 마취한 아이 눈은 희미하게 풀렸다. 나는 아들의 손을 잡고 아프지 않을 거라고 속삭였다. 수술실로 아이의 병상을 들이미는 간호사의 싸늘한 손짓 뒤로 환한 수술대의 불빛이 쏟아졌다. 문이 쾅 닫혔다.

군대에 간 것이 아니었다면 덜했을까. 수술실로 들어가던 아들이 떠올라 자꾸만 뒤척였다. 별일 아닐 거라고 위안을 할수록 불안감은 나를 더 옥죄었다. 안개 속을 헤매는 것처럼 생각은 나를 가두고 놓아 주질 않았다.

며칠 후, 논산에서 소포가 왔다. 식당에서 보낸 상자 안에는 잃어버린 신발이 얌전히 들어 있었다. 훅 풍기는 아들의 냄새. 녀석이 돌아온 것처럼 반가웠다. 비로소 나를 에워쌌던 그간의 불길한 안개가 일시에 사라지고 안도의 한숨이 나왔다.

"안녕하세요? 신발 잘 받았어요. 하필 군에 가는 날 그런 일이 생겨 영 찜찜해서 힘들었어요. 정말 고마워요. 우리 애 옷이 군에서 오면 신발 꼭 보내 드릴게요."

아주머니는 미안해하며 안 보내도 된다고 했지만 나는 그래야만 했다.

드디어 아들의 옷가지들이 훈련소에서 배달되었다. 상관의 명령에 절대복종하고 훈련소 생활에 잘 적응하고 있으니 부모님께서는 걱정하지 마시라는 군인 특유의 '다나까' 어투로 쓴 편지도 함께. 편지를 읽으며 울고, 그 속의 신발을 보고 또 울고. 남의 것이었지만 아들이 다시 온 것 같았다. 금방이라도 "다녀왔습니다" 하는 목소리가 들릴 것 같았다. 운동화를 깨끗하게 빨아서 다음날 보내 주었다.

오빠를 군에 보내고 저녁때만 되면 올레에서 오빠 발자국 소리가 들린다던 엄마의 말씀이 떠오른다. 나도 그럴 것이다. 한동안 현관문에 매달린 종이 찰랑거릴 때마다 "아들이니?" 하고 고개를 내밀 것 같다.

함께 지낼 때는 못마땅한 것이 먼저 눈에 들어오더니, 내 곁을 떠난 자식은 그리도 애틋한 것을. 아이를 군에 보내고 나도 부모로서 더 성장하고 있는 중이다.

육군훈련소 홈페이지에 훈련병 사진이 올라왔다. 군복을 입은 아들의 모습은 어쩐지 낯설어 보였다. 아들의 소속 ○○연대 ○○중대 ○○소대 ○○번이라는 호칭처럼. 온몸에 군기가 바짝 들어가다 못해 통통한 볼에도 꽉 차 있었다. 그걸 보니 웃음이 나왔다. 이등병 작대기를 훈장처럼 달고 아무 일 없이 내 앞에 나타날 날을 기다리고 있다.

내 꿈
내 희망

딸이 집에 오는 날이다. 직장 때문에 주말에만 온다. 딸이 좋아하는 토마토 스파게티를 준비했다. 큼직한 토마토 여러 개와 온갖 해물, 양송이, 브로콜리를 넣고 푹 끓여 뭉근하게 소스를 만들었다. 딸이 좋아하는 새우는 더 많이 넣었다. 치즈를 얹은 스파게티를 젓가락에 돌돌 말아먹는 딸 앞에 앉았다.

딸은 아주 지쳐 있었다. 얼굴에 뾰루지는 더 많아지고 푸석해졌다. 그녀는 회사에 다니는 것이 힘들다고 한다. 푸념하는 그녀의 모습을 보니 늘어진 스프링이 너덜거리는 기계처럼 곧 해체되어 버릴 것 같았다. 그녀는 방학이 있고 제때 퇴근하는 예전의 '엄마 직장' 을 부러워한다. 요즘같이 취직이 힘든 때, 덜컥 일을 그만둔다고 할까 봐 나는 가슴이 철렁 내려앉는다. '그래도 한 십 년은 다녀야…' 하려다 삼킨다.

우리는 소파에 앉아 밀린 이야기를 한다. 나는 딸과 이야기하는 것이 참 좋다. 그러다 보면 졸린 눈으로 나를 바라보고 있는 것도 모른다. 딸은 내리누르는 눈꺼풀을 억지로 들어올리며 대답한다.

우리는 가끔 영화를 같이 본다. 딸은 미래 영화를 좋아한다. 가까운 미래에 곧 일어날 것 같은 일들을 소재로 만든 영화들. 나는 주로 과거에 벌어진 실화 위주의 영화를 좋아한다. 과거에 붙들려 변화를 두려워하는 나보다 미래로 나아가는 성향이 딸에게 있어 다행이라는 생각이 든다.

어렸을 때부터 딸은 남보다 잘하고 싶은 욕심이 있었다. 유치원에서 졸업장을 받는 연습을 하던 날, 엄마가 오기만을 기다렸다. 현관에 들어선 나를 보고 딸이 달려오며 소리쳤다.

"엄마, 나 1등 했어."

제일 먼저 이름이 불렸기 때문이었다. 김치를 담그고 있으면 "내가 할게, 내가 할게" 하고 그 조그만 손으로 나를 돕는다고 엉덩이를 쳐들던 노랑 병아리 같은 딸.

딸을 볼 때마다 참 많이 미안하다. 잘 키우려는 마음에 어설픈 훈육으로 아이 마음에 상처를 준 일. 차라리 한 대 때리고 말 것을. 매일 그 어린것에게 1번부터 8번까지 할 일을 잔뜩 적어

놓고 하게 한 일, 동생을 병원에 데려갔다 오고 약 먹이고 돌보게 한 일, 입원하여 링거를 매달고 누운 딸을 혼자 병원에 두고 출근해야만 했던 일…. 큰아이라고 지나친 부담만 준 것 같아 늘 미안하다.

딸이 대학에 합격한 일은 내 인생의 특별한 오 분이었다. '합격' 이라는 살 떨리는 두 글자는 그동안의 어렵고 힘들고 지쳤던 모든 것들을 순간에 날아가게 했다. 어깨에 잔뜩 뭉쳐 있던 근육이 말랑해지기까지 했다. 길었던 해의 종지부를 찍어 준 것 또한 딸의 입사 소식이었다. 어쩌면 그녀는 내가 가장 힘들 때마다 나를 살아나게 하는 힘이 되었다.

드디어 사회인이 되던 날. 대견하고 자랑스러운 마음이 컸으나, 한편으로는 이제 새로운 인생을 시작하려 내 곁을 떠나가는 것이 아쉬웠다. 집에서 사랑받듯 직장에서도 인정받으면서 자신의 일을 충실히 해 주기를 빌었다.

달마다 때가 되면 딸은 우리 부부 앞에 봉투를 내민다. 앞면에는 '평생 효도', 뒷면에는 '약속 지킬게요' 라는 문구가 쓰여 있는 빨간 봉투. 이만큼 키워 주었는데 당연한 것이라고 말하면서. 나도 어쩔 수 없는 자식 자랑하는 팔불출이다. 나는 그것을 차마 쓰지 못하여 줄 때마다 봉투 겉면에 간단한 메모를 쓰고 작은 상자에 모아 두고 있다. 아들도 누나처럼 한다. 나중에 손주들을 데리고 올 때마다 하나씩 줄 생각이다.

계획을 세워 한 단계 한 단계 이뤄 나가는 딸이 고맙기만 하다. 항상 때에 따라 해야 할 매뉴얼을 정해 놓고 차근차근 이루며 인생을 설계하는 힘을 오히려 딸에게서 배운다. 난 그리 가르치지 못한 것 같은데. 화장도 하고, 하이힐도 신고, 예쁜 옷도 입고 다녔으면 좋으련만 딸은 편하면 됐지, 하며 그런 것에 연연하지 않는다.

집에 왔다 갈 때마다 딸은 현관에서 외친다. “나 갈게~” 그 말이 나에겐 ‘나 안아 줘’로 들린다. 설거지를 하다가 고무장갑을 벗고 달려가 딸을 안아 준다.

얼마 전 딸과 짧은 여행을 했다. 바다도 실컷 보고, 맛집을 찾아 처음 보는 음식도 먹고, 골목을 걸으며 못다 한 이야기도 하고, 낯선 곳으로 스며들기를 했다. 너무 많이 걸어서 힘든 날, 일찍 호텔로 돌아와 뒹굴거리기로 했다. 딸은 친구와 오면 서로 배려하느라 신경이 쓰이는데, 엄마와 오니까 편해서 좋다며 아이처럼 통통거리고 다녔다. 우리는 눈같이 흰 이불에 파묻혀 느긋한 시간을 만끽했다.

“엄마, 오늘 투어 어땠어? 좋았어?”

“응, 아주 좋았어.”

"뭐가 좋았어?"

"음, 딸이랑 이야기하며 루스키 섬 흙길 걷은 게 좋았어."

조용히 듣고 있는 딸의 생각도 궁금했다.

"너는?"

"난 엄마가 좋았어."

그 말에 난 가슴이 뭉클했다. 뭔가 가득 차올라 한동안 사라지지 않았다.

부모는 자식을 키우면서 주기만 하는 내리사랑이라고 하건만, 나는 딸에게 너무나 많은 행복을 치받고 있다.

어느 시인이 '시는 나를 가련히 여긴 어떤 이가 기별도 없이 보내 준 소포 같은 것'이라고 노래했다. 나는 그 시에다 내 딸을 넣어본다.

내 딸은 나를 가련히 여긴 어떤 이가
기별도 없이 보내 준 소포 같은 것

나에게 내 딸이 그렇다.

'내 꿈 내 희망'은 내 휴대폰에 저장된 딸의 애칭이다. 딸이 잘 자라는 것이 내 꿈이고 희망이었기에 지은 이름이다.

그날 그 꿈이 이루어진 것만 같았다.

고개를 든 나에게
가장 가까운 별자리가 있다.
오늘은 그것이 당신이었으면 한다.

– 이장욱 시집 《생년월일》 시인의 말에서

그리움이란 그런 것이 아닐까

사는 동안 소나기처럼 지나가 버린 일인데도 때론 잊지 못하는 경우가 있다. 내가 기억하는 세 분 선생님이 그렇다. 고등학교 때 지리 선생님, 국어 선생님 그리고 중학교 때 가정 선생님이다.

이국적 마스크의 지리 선생님은 몸집만큼이나 푸근한 분이셨다. 웃음을 날릴 때는 주름살 사이에도 정이 묻어났다. 느릿느릿 설명하는 선생님의 구수한 경상도 사투리가 좋아 매번 수업 시간을 기다리곤 했다.

스페인에서 모로코까지 배로 한 시간밖에 걸리지 않는 지브롤터 해협을 '집으로 올텨 갈텨' 하면서 재미있게 설명해 주셨다. 나는 지리 과목이 좋았다. 인도를 배울 때면 인도의 도시들, 강과 평야, 지방의 산업까지 몽땅 외워 지도에 그리고 친구들에게 설명해 주기도 하였다.

그분은 늘 웃으면서 아이들을 잘 꼬집었다. 질문에 대답을 못하면 꼬집고, 교복 허리를 풀어 입었다고 꼬집고, 이유만 있으면 꼬집었다. 그러나 우리를 향한 사랑의 표시라는 공감대가 있었는지 선생님의 '귀여운 벌'을 불만 없이 좋아했다.

수학여행 갈 때가 다가오자, 선생님은 수업시간마다 '조고렛또'를 선물로 사 오길 주문하셨다. 여행에서 돌아온 우리는 커다란 상자를 안겨 드렸다. 선생님은 아이처럼 기뻐하면서 상자를 풀기 시작했다. 마트료시카처럼 포장된 상자를 몇 번이나 풀고 나서야 마지막 상자에서 나온 진짜 선물의 정체.

'빨간 빨래집게' 하나!

반장이 아무도 모르게 준비한 선물 때문에 선생님과 우리는 그날 지치도록 웃었다.

세월이 흘러 지브롤터 해협에 갈 일이 생겼으나 여행 황색경보 때문에 못 가고 말았다. 지금도 허허 웃으며 '집으로 올텨 갈텨' 하던 모습이 생각난다. 이제는 영원히 돌아오지 못할 집으로 가셨을 선생님. 조고렛또를 질겅질겅 씹으면서 게리 쿠퍼처럼 웃던 선생님. 다시 그 시절로 돌아간다면, 일부러 질문에 답을 못해서라도 한 번쯤 꼬집힘을 당하고 싶어진다.

알랭 들롱으로 통하던 국어 선생님은 우리의 연인이자 우상이었다. 작은 얼굴에 쌍꺼풀이 깊고, 짙은 눈썹에 코가 오뚝한 미남이셨다. 게다가 당시 우리 사이에 유행하던 장 프랑스와 모리스의 노래 '머나코우~' 하는 근사한 목소리와 닮기까지 하였다. 천천히 씹으면서 말을 할 때마다 한쪽 얼굴에 보조개가 파였는데, 기품 있는 말들과 문학적인 생각들이 어쩌면 저 보조개에서 나오는 것이 아닌가 생각한 적이 있었다.

어느 날 나는 몸이 좋지 않았다. 제대로 아침식사를 하지 못한 데다 감기 기운까지 있어서였다. 수업에 빠질 수 없어 책상에 엎드린 채 선생님 말씀을 듣고 있었는데 어디서 나프탈렌 냄새와 남성용 로션이 혼합된 냄새가 났다. 선생님이 내 옆에 서 계셨던 것이다. 그분의 옷에서는 늘 옷장에서 갓 꺼낸 냄새가 났다.

"자취하고 학교 다니려니 힘들지?"

다정한 아버지 같은 목소리에 나는 대답을 하지 못했다. 뜨거운 것이 마구 올라왔고, 눈물이 폭포처럼 쏟아졌다. 담임도 아닌데 내 사정을 잘 알고 계셨다는 것이 너무 고마웠다. 아픈 것은 다 사라졌지만 마음이 뜨거워져 고개도 들지 못하고 말았다.

다음날 아침 일찍 학교에 갔다. 자취집 화단에 피어 있는 장미꽃 중에 탐스러운 것만 몰래 꺾은 몇 송이와 편지를 들고, 교무실에 가 보니 아무도 없었다. 국어 선생님 책상 위에 누군가 꽂아 놓은 시든 꽃을 빼내고 내 꽃을 꽂았다. 꽃병 옆에 가지런히 세워 놓은 편지가 마치 내가 선생님 옆에 앉아 있는 것 같았다. 편지를 읽는 선생님 모습이 자꾸 어른거려 얼굴이 화끈거렸다. 편지에 뭐라 썼는지 기억에 없지만, 그분을 생각하면 지금도 모리스의 묵직한 목소리로 다정하게 나를 부르는 것만 같다.

중학교 때 나는 무척 이상한 사춘기를 보냈다. 가족이 싫었다. 세상에 나 혼자 버려진 것 같았다. 허구한 날 공부한다는 핑계로 친구네 집을 전전하던 때, 우리 학교에 젊은 가정 선생님이 오셨다. 주근깨가 많은 데다 하얀 이를 반짝이며 초승달 같은 입꼬리로 웃는 모습이 어른이 된 말괄량이 삐삐 같았다.

학교 근처에 방을 얻어 살던 그분 집에 친구들과 몰려가서 선생님이 끓여 준 완자탕을 먹으며 깔깔거리다가, 그 나이 때 가졌을 법한 고민들을 털어놓곤 했다. 그분 집에서 자고 학교에 간 적도 여러 번. 언니가 없는 나에겐 선생님이 언니였다.

지금 생각해 보면 제멋대로인 제자를 재우고 돌보느라 귀찮았을 텐데도 언제나 다정했다. 사춘기의 절정일 때, 가시 같은 반항기에 찔리지 않게 잘 다듬어 주셨다. 나는 스타킹 몇 켤레 사들고 가는 것으로 그 많은 고마움을 대신했다고 생각했다.

고등학생이 된 후에도 선생님은 자주 편지를 보내 주셨다. 언제나 편지 말미엔 24시간을 25시간처럼 보내라고 써주셨지만 나는 결코 부지런한 아이가 되지 못했다. 눈부시게 빛나는 아이들 틈에서 그림자처럼 늘 주눅들어 지냈다. 선생님께 자랑스러운 제자가 되지 못해 편지가 올 때마다 죄송하기만 했다.

우연히도 남편분이 우리 학교에 전근을 오셨다. 어느 날 내게 와서 선생님께 이야기를 들었다면서 열심히 하라고 격려를 해 주셨다. 그분 얼굴에 번지는 시인다운 예민함이 선생님과 잘 어울리지 않는다는 생각이 잠깐 들었었다. 남편분과 같은 학교에 있으면서도 선생님을 만나지 못하고 어른이 되고 말았다.

내가 교사가 되어 아이들을 가르쳐 보니 그들에게 얼마나 기억나는 '그분'이 되고 있을까 생각하게 되었다. 오래도록 가슴에 담고 사는 한마디 말이라도 남기기는 했을까. 나를 생각하면 그리운 무엇이 밀려오기는 하는 걸까. 누군가에게 그리움이 대상이 된다는 것은 얼마나 아름다운 일인지.

한겨울 끝자락에 날려 보내는,
끊어진 연실을 달고 멀리 날아가 버린,
연이 사라진 빈 겨울 하늘을 오래도록 바라보는 것.
그리움이란 그런 것이 아닐까.

– 이 글을 쓴 후, 나는 중학교 때 선생님을 수소문했고, 드디어 뵈었다. 우연인지 선생님도 문학지에 등단을 했고 나와 같은 길을 걷고 계셨다.

올봄에 손수 꺾은 고사리를 말려 정성스레 싸서 일 년은 먹을 만큼 보내주셨다. 새벽이슬 묻은 고사리를 헤쳐 살찐 것만 골라 고붓고붓 꺾는 선생님이 그려졌다. 여전히 나는 선생님께 어린 제자다.

우리도 흩날리고 있었다

오랜만에 중학교 동창들이 열 명이나 모였다. 졸업하고 처음 보는 친구도 있었다. 친구들이 나타날 때마다 안부를 묻느라 분주했다. 인사동에서 점심을 먹고 창덕궁 후원으로 향했다.

초봄의 후원은 연둣빛 하늘이었다. 나뭇잎 사이로 봄바람 따라 햇살이 모아지고 흩어졌다. 나무 그늘에 가린 싱그런 꽃들은 지엄한 곳이라 화들짝 피기가 조심스러웠을까. 아직도 꽃봉오리인 것이 많았다. 절대 권력을 가졌지만 자유롭지 못했던 그곳 주인들의 오래된 사연을 지켜본 정자들은 고요했다.

비밀스러운 후원의 봄에 취해 있던 우리는 어느새 시골 중학교 3학년으로 돌아가 있었다. 굴러다니는 낙엽만 보아도 까르르 웃음이 터지던 시절. 특히 우리 동창들이 유별났다.

"너, 교복 안 말랐다고 청바지 입고 왔었잖아? 하여튼 범생이가 간도 커."

"맞아, 난 문이네 집에 가서 깨우고 밥해 맥이느라 맨날 지각해서 디지게 혼났어야."

"정이네 네 명이서 가출하고 카트 머리하고 부두에 갔다가 선생님들께 붙들려 온 건 어떻구."

줄줄이 사탕처럼 이어지는 추억담에 다들 단발머리 시절로 돌아간 듯 어려지고 또 어려졌다.

중학생이라고 하기엔 아주 성숙한 송이가 있었다. 늘씬한 키에 서글서글한 눈매, 오똑한 코에 흰 피부가 이국적인 인상을 가진 아이였다. 아무도 그녀의 몸이 달라지는 것을 알아채지 못했다. 신체검사를 할 때도, 체력장을 할 때도, 복대로 가리고 임신을 숨겼다. 졸업식 날, 그녀는 결석을 했다. 하필이면 그날 아기를 낳았다. 학교가 발칵 뒤집혔고 우리는 어수선한 마음으로 졸업을 했다. 졸지에 중학생 아기 엄마가 된 송이의 전설을 꺼내고서야 우리는 입을 다물었다.

그때야 우리는 어른으로 돌아왔다.

"니네 신랑 옛날에 얼마나 장난꾸러기였는지 아니? 총무는 너가 해라, 동창 부부니까 회비 떼먹고 도망가진 않을 거 아냐?"

"땅 삼천 평 사논 거 있다며? 요새 평당 얼만 줄 아니? 너 재벌 된 거야. 오늘 밥 사야 해."

"니네 남편은 박사님이라 좋겠다야."

"박사님이면 뭐 하니? 돈도 없고 빽도 없는데."

"과장님은 봉사활동도 많이 하고 정말 대단해."

"아이고, 말도 마라. 정치한다고 내가 머리가 터질 지경이다."

"난 음식할 줄 몰라. 우리 신랑은 밥도 다해 줘."

왁자지껄 주고받는 수다에 후원이 소란해졌다.

투박한 부츠에 커다란 옆주머니가 불량스럽게 달린 카고 바지를 입고 오는 주근깨 선이. '사진빨 잘 받게' 분홍색 도트 무늬 티셔츠를 입고 왔다고 애교를 부렸다. 아직도 껌을 씹으며 사십오 도로 한쪽 다리를 떨고 있으면 영락없는 일진이다. 큰 눈에 낭랑한 목소리는 여러 사람을 제압하기에 충분했다. 흥분하여 눈을 부라리면 카리스마가 넘쳤다. 어릴 때 너무 일찍 어른의 세계를 알아 버린 '언니'다. 영화 〈써니〉의 하춘화처럼 어려운 친구들을 앞장서 도와주는 의리파에다 해결사였다. 누군가 어려움에 빠졌다면 적금을 털어서라도 도와주는 친구였다. 학교 과수원에서 동급생들의 머리를 잘라 주던 특기를 살려 미용사가 되었다가 몇 번이나 직업을 바꿨다. "네 살이나 연하와 살고 있으니 사억은 벌어놓은 거다"고 우리는 농을 쳤다. 바쁜 일상에도 언제나 책을 손에서 놓지 않고, 뮤지컬이나 명사들의 강연에 눈과 귀가 바쁜 그녀다. 항상 당당하고 입바른 소리를 하지만 밉지 않다.

나긋나긋한 목소리에 늘 웃음을 귀에 걸고 다니는 규. 그래서 그녀에겐 귀고리가 필요없다. 그 웃음이 염화미소다. 전국을 돌아다니며 두릅, 오가피, 더덕장아찌, 능이와 노루궁둥이버섯, 파김치와 갓을 얹은 삼치회…. 좋다는 음식은 다 섭렵한다니 그녀는 아마 백세까지는 거뜬히 살 것이다. 일찍 남편을 앞세우고도 아픔을 잘 이겨 내고 제일 화사하게 다닌다. 그녀는 하루도 빠짐없이 법화경 사경을 한다. 몸가짐을 단정히 하고 낮은 상에 앉아, 새벽 공기를 쓸어내며 정갈하게 경전을 쓰는 모습이 그려진다. 틀린 글자를 화이트로 지우면, 부처님께 싫은 냄새를 공양하는 것 같아 종이를 오려 붙이고 다시 쓴단다. 한결같은 엄마를 보고 방황하던 아들이 제자리를 찾았다니, 나도 그녀를 닮고 싶어 사경을 시작했으나 며칠이 못 갔다.

작은 얼굴에 입술 선이 또렷한 연이. 우리는 만나자마자 부둥켜안았다. 둘 다 눈시울이 벌게져서 한참을 떨어지지 못했다.

중학교를 졸업하고 우리는 각자 헤어졌고 십여 년이 흘렀다. 그녀가 결혼하던 날 눈부신 연이와 사진을 찍었다. 신혼여행을 떠나는 그녀를 공항에서 배웅하고 다시 이십여 년이 훌쩍 가 버렸다. 잊고 산 것은 아니었지만 아이들을 키우고 서로의 삶에 바빠 허우적거리며 그동안 우리는 만나지 못하였다. 아픈 가족사가 명랑했던 그녀를 많이 변하게 했다. 연이의 모습이 비 맞은 참새 같았다. 그렇게 힘든 시기를 보낼 때 나는 내 삶에 바빠 위로 한번 해 주지 못했다. 나는 후원을 도는 내내 연이 손을 놓지 못했다.

앞서가는 친구들은 수다 삼매경이었다. 과거나 현재를 포장하지 않고 오롯이 옛정으로 만나는 친구들. 그녀들의 뒷모습을 보니 버스 뒷좌석에 앉아 있는 듯했다. 사람들의 등에 지워진 삶의 무게가 보이는 곳. 한 발짝 물러서서 멈추고 나를 되돌아보았다. 누구를 만나든 닮고 싶고 배우고 싶은 것들이 있다. 좋은 일은 남으로부터 오기도 하는 것이다.

창덕궁 후원에 꽃잎처럼 수다를 남겨 놓고 우리는 돈화문을 나섰다. 오래전 사연을 안고 피고 졌을 벚꽃. 해마다 벚꽃이 피면 우리들의 수다도 함께 피어나겠지. 지고 있을 때가 더 아름답다는 벚꽃. 분분히 날리는 꽃잎과 함께 우리도 흩날리고 있었다.

선한 인연

1.

내 이웃에는 천사가 산다. 하도 착해 내가 지어 준 이름이다. 나보다 두 살 아래지만 그냥 말을 놓고 지내는 16년 지기다. 그녀는 늘 웃는 얼굴이다. 베풀고 도와주고, 말썽꾸러기 아이들을 항상 사랑으로 가르치며 선한 길로 이끌어 준다. 내 이익을 먼저 챙기는 못된 마음이 되다가도 그녀 앞에서는 문득 잘못 맨 단추를 바로잡듯 가다듬게 된다.

내가 필요하면 아무 때나 그녀를 불러낸다. 그녀는 '옷을 갈아입지 않고 김치 냄새가 나더라도 흉보지 않을' 지란지교의 벗이다. 뭐든 함께 하고 늘 같이 다니는 우리를 보고 두 집 가족들은 연애하냐고 놀리기까지 한다.

아이들이 고만고만하던 시절. 우리는 같은 학교에서 오 년을 함께 일하며 식구처럼 붙어 지냈다. 잡채를 만들어 가져가고, 열무김치를 담가 가져왔다. 책이니 그릇이니 살림살이들이 하도 많이 오고가서 이제는 본래 주인을 잊어버린 물건들도 많다.

어느 해 이른 봄. 그녀의 아파트에 가다가 깜짝 놀랐다. 오래된 느티나무가 토르소처럼 댕강댕강 잘려나가 있었다. 결국 그 나무는 죽었다. 한참 안타까이 보고 있다가 그걸 졸시를 써서 주었더니 식탁 위에 떡 붙여 놓았다.

"요새 길거리에 문학상 응모 플래카드가 있더라. 거기 한 번 내봐."

하도 졸라서 수필을 응모했더니 조그만 문학상에 당선되었다. 언젠가는 글을 쓰리라 마음에만 있었는데, 그녀 덕에 글공부를 시작하게 되었다.

가끔 새로운 글을 쓰면 그녀에게 보여 준다. 그녀는 가감 없이 비평하지만, 대부분 엄청난 칭찬으로 마무리한다. 그러는 그녀 말 속에 번득이는 문학적 상상력이 있어 같이 공부하자고 꼬드겨 보기도 한다.

우린 자주 저녁마다 만나 한강을 걸으며 수다를 떤다. 매일 한 보따리씩 수다를 풀어놓아도 다음날이 되면 할 말이 또 그만큼 쌓여 있다. 여간해서는 불평을 하거나 싫은 내색을 하지 않지만 그녀 얼굴이 어두울 때는 나도 불편해진다. 힘들 때마다 그녀는 남편의 '생선가시를 발라주는 사랑'으로 덮으며 산다.

눈이 내리는 어느 날 아침, 김장하러 친정에 다녀온 그녀는 김치 한 통과 들기름, 고추장아찌를 가지고 왔다. 엄마가 꼭 나에게 주라고 했다며 주섬주섬 꺼냈다. 나에게까지 이렇게 친정 엄마처럼 챙겨 주시는 것을 보면 원래 천사는 그녀의 엄마인가 보다.

평론가 김종회의 《오독》에 나다니엘 호손과 허레이쇼 브리지, 롱펠로, 피어스, 이들 네 친구가 주고받은 선한 인연에 대한 글이 있다. 호손이 어려운 시절, 브리지는 호손이 책을 출판하게 도와주었고, 롱펠로는 호손이 문인의 길을 다질 수 있게 힘을 실었다. 대통령이 된 피어스는 호손에게 창작 환경을 제공하였다. 호손은 피어스에게 자서전을 써 주는 것으로 그 고마움에 보답하였다. 그렇게 역사에 남을 작품이 탄생한 것은 어쩌면 선한 인연이 만든 결과였다.

우리는 그들처럼 '역사의 한 페이지를 호화롭게 장식할 거장' 축에는 들지 못하지만 서로에게 창조적인 힘을 주고 격려해 주는 것을 축복으로 여긴다. 우리가 늙어서 만약에 남편들이 먼저 먼 나라로 가면, 같이 살자고 약속도 해 놓았다.

문득 김밥이 먹고 싶어 전화했더니 밝게 대답한다.

"김밥 해 줄까? 있다 저녁때 와."

그녀가 만들어 준 천사표 김밥을 볼이 미어지게 먹고 싶다. 이 선한 친구로 인해 나는 사는 것이 더없이 기쁘다.

2.

그녀는 고등학교 시절 3년을 같은 반을 했던 친구다. 화장기 없는 수수한 얼굴이지만 반짝이는 눈과 치아 선전에 나오는 광고 모델처럼 웃을 때는 입술 모양이 일품이다. 수학을 싫어하는 내가 모르는 것을 물어보면 친절하게 설명하면서 풀어 주었다. 나는 설명은 듣지 않고 이건 말이지~, 하고 다부지게 말하는 모습에 정신이 팔리곤 했다.

어느 날 국어시간에 〈님의 침묵〉을 배웠다. 그녀는 쉬는 시간에 국어책을 들고 내 옆으로 와서 감동에 찬 목소리로 그 시를 읽었다. 나는 시를 그냥 읽지 않고 사분오열 뜯어내어 분석하는 시가 싫었지만 그녀가 해설해 주는 시는 좋았다. 교과서를 펼쳐 놓고 한 단어 한 문장을 쫀득쫀득 씹으면서 "아, 어쩌면 이런 표현을 썼을까…." 감탄사를 연발했다. 뿔테안경 가운데를 올리면서 반짝이는 눈으로 시에 빠져 설명하는 모습에, 해설은 뒷전이고 그녀의 얼굴만 쳐다보던 때가 기억난다. 어쩌면 그녀가 글을 써야 하는 것이 아닌지 모르겠다.

졸업이 가까워진 어느 날, 우리 집에 놀러온 남자 동창이 사진

속에 있는 그녀를 소개해 달라고 졸라 만나게 해 주었다. 그들은 불꽃 튀는 연애를 했고 결혼까지 이르게 되었다.

그녀는 내가 연애할 때 선택의 기로에서 고민할 때마다 길잡이를 해 주곤 했다. 문제가 있을 때마다 그녀와 의논했다. 아주 무겁고 복잡해 보이는 문제도 그녀라는 필터 속을 건너면 단순해지고 명쾌한 해답이 나왔다.

그녀는 검소하다. 당장 필요하지도 않은 물건을 충동구매하고 마는 나와는 다르다. 그녀는 합리적인 선택을 한다. 책을 한 권 사도 아이들에게 먼저 읽히고 그 속에 있는 그림이나 자료들을 이용해 또 다른 활동을 한다. 책 한 권을 완전히 '구워 먹고 삶아 먹고 우려먹는' 그녀다. 나에게 부족한 점들을 그녀에게서 배운다. 내가 닮고 싶은 점을 가진 사람을 좋아하는 것은 나만이 아닐 것이다.

옛것을 볼 때마다 지나버리고 잊히는 그것들을 아련한 시선으로 보게 된다고 아쉬워하기에 사진을 배워 보는 것은 어떨까, 하고 은근히 종용해 본다. 남편이 퇴직하면 고향에 가서 어린 나무들을 돌보며 살 거라고 한다. 아마 나무들도 사랑으로 잘 키울 것이다.

얼마 전부터 우리는 한 달에 한 번 만나 미술관 투어를 하고 있다. 지난번 서울미술관을 관람하고 고즈넉한 석파정을 거닐며

많은 이야기를 했다. 리움미술관으로 이어진 남산의 작은 흙길을 걸을 땐 시골길을 걷던 어린 시절로 돌아간 듯했다. 서울에 있는 미술관을 다 돌면 멀리 지방에 있는 미술관도 가볼 작정이다.

서로에게 편안히 기댈 수 있는 사이. 우리는 그런 사이다. 내가 좋아하는 것을 공유하고 공감할 수 있는 친구가 있는 것이 정말 다행이다.

살아가면서 만나는 선한 인연이 어디 한둘이겠는가. 집을 비울 때마다 쌓아 둔 현관의 폐지를 살며시 치워 주시는 아주머니, 비 오는 날 버스에서 내리는 나에게 말없이 우산을 주시는 기사님, 흙먼지와 땀범벅이 된 아들을 씻기고 자식처럼 돌봐준 '앞집 이모'도 있다.

가르치는 동안 만난 수많은 어린 새싹들은 나에게 동심을 잃어버리지 않게 해 주었다. 잃어버린 돈봉투를 은행에까지 전화하여 찾아 준 식당 주인아저씨, 새 봄이 오면 고로쇠액과 명이나물을, 가을이면 오미자를 보내 주는 고마운 분과, 대추며 복분자에 알알이 정성을 담아 보내 주는 지인도 있다.

지치고 힘든 나를 부처님 앞에 세워 준 언니, 30년을 못 만나고 살다가 우울한 어느 날 훌쩍 지구 반대쪽으로 같이 여행을 가 준 친구. 모두 나에게 좋은 영향을 준 사람들이다.

나를 키워 준 부모님, 모든 스승들, 그리고 사랑하는 나의 가족. 살면서 만난 그 모든 착한 사람들. 나를 둘러싼 공기처럼 온통 선한 인연들에 감싸여 살고 있음을 깨달을 때마다 나도 누군가에게 선한 인연이 되리라 마음먹곤 한다.

세상은 우리를 버려둔 채 낮밤없이 흘러갔다.
살다보면 매지구름 걷히고 하늘 개는 날 있으리라.
그런 날 늘 크게 믿으며 여기까지 왔다.
새 한 마리 비를 뚫고 말없이 하늘 간다.

– 도종환 〈우기〉에서

외갓집 고갯마루에 노을이 지고

드디어 마지막 고개가 보였다. 완만한 언덕 사이로 구부러진 오솔길을 꺾어 올라가면 내리막길이 이어지고 동네 어귀로 들어설 수 있었다. 아버지는 힘을 내라고 어린 딸을 다독이셨다. 외가까지 가는 2킬로가 넘는 산길은 일곱 살짜리에게, 알프스를 넘는 나폴레옹만큼이나 힘겨웠다.

외할아버지 기일에 가는 길. 언제나 저 고개를 넘으면 동네 어귀가 나타났고 먼 데서 개 짖는 소리가 들렸다. 나는 갑자기 기운이 나서 신발에 흙이 튀도록 내리막길을 달려갔다. 전봇대처럼 뻗은 삼나무 길을 지나고 담배 가게 담벼락을 돌면 할머니네 뒤란 복숭아나무가 보인다. 긴 올레로 뛰어 들어가 고기와 고사리 볶는 냄새가 가득한 마당을 지나 할머니 품에 안길 것이었다.

다음날 고갯마루를 넘으면서 나는 할머니네 동네를 꼭 돌아보았다. 그 고개를 넘으면 더 이상 할머니네 동네가 보이지 않았다.

외가의 농사일을 돌봐주던 아버지가 외가로 떠날 준비를 할 때마다 같이 가겠다고 떼쓰며 갈 길 바쁜 아버지 마음을 늘 어지럽혔다. 아버지는 어린 딸을 데리고 가느라 늦어졌지만, 재미있는 이야기로 거친 길도 힘들지 않게 해 주셨다.

길가에 핀 인동꽃을 한 줌 따서 단물을 빨고 길바닥에 뿌리며 동화에서 읽은 길 잃은 오누이 흉내도 내고, 쏟아지는 은하수 아래를 아버지 손을 잡고 걸을 때면 어둠 속에서 풀벌레들 노랫소리가 들판을 메웠다. 고구마를 캐고 난 빈 들에 귀뚜라미들이 뛸 때면 서걱대는 억새들이 자꾸 고개를 주억거렸고, 아버지는 '아, 으악새 슬피 우니~' 라는 노래를 어김없이 부르셨다. 그때마다 마른 상수리나무 잎들이 '사~사' 반주를 넣으며 떨어졌다. 눈 쌓인 고갯마루에 서면 동네로 들어가는 가느다란 황톳길이 꿈결처럼 아득했다.

언젠가 외가에 가는 길에 노을이 지고 있었다. 저물어가는 해는 온 갈기를 허공에 펼쳐 놓았다. 언덕 능선이 마지막 햇살에 반짝거렸고, 따사로운 온기로 낮은 지붕들을 품고 있는 외가 마을에는 평화가 가득했다. 저녁을 준비하는 연기가 피어오르고,

찐 감자 소쿠리에 식구들이 둘러앉아 다복다복 이야기꽃을 피울 것이었다. 고개 넘어 아늑한 '샹그릴라'. 천국의 모습이 그러했을 것이다. 외가 마을이 더 이상 천국이 아니었다는 것을 그땐 몰랐다.

4 · 3사건이 일어나던 어지러운 시기. 낮에는 군인들이 와서 괴롭히고 밤에는 '산사람들'이 와서 못살게 했다. 이장이던 외할아버지는 산사람들에게 붙들렸다가 감시의 틈을 타 고개를 넘었다. 밭 갈고 소 키우며 식솔들을 배곯지 않게 돌보던 영문도 모르는 촌부. 그에게 이데올로기는 산 너머 노을보다 멀었건만, 이념의 총부리는 등뒤에 있었다.

툇마루에 앉아 가쁜 숨을 돌리기도 전에 쫓아 들어온 경찰이 총을 난사했다. 할아버지 몸에서 내장이 다 쏟아져 흘러나왔다. 그걸 쓸어 담으며 할머니와 엄마는 숨을 쉬지 못했다. 물을 찾는 할아버지에게 누군가 물을 주었고, 외할아버지는 돌아오지 못할 고개를 넘고 말았다.

그 경찰은 그즈음 산사람들에게 부모가 피살된 후라 복수에 눈이 멀어 있었다. 부모의 죽음 앞에 누군들 제정신이었겠는가. 그렇게 죄 없는 이들을 쏘았던 그 경찰은 나중에 사람들에게 맞아 죽었다던가. 그렇게 지난한 역사는 피로 물들었다.

그 일을 황톳길 풀섶에 묻고, 세월은 흐르고 또 흘렀다. 이제는 수선화 피던 긴 올레로 뛰어들어가 외할머니를 만날 수도 없고 유년의 고개는 기억에만 남아 있다.

외가로 가던 길가에는 아직도 봄이면 인동꽃이 피고 가을바람에 억새가 울 것이다. 그리고 할아버지 기일이 되면 고갯마루에는 어김없이 눈물처럼 노을이 붉을 것이다.

호야불 아래서 아버진 편질 쓰시고

프라하까지 비행시간은 열한 시간이 넘었다. 구름 사이로 내려다보이는 까마득한 지상에는 언뜻언뜻 은박지를 구긴 듯한 산맥들이 누워 있었다. 남편도 잠이 들고, 기내는 조용했다. 무료해진 나는 가방에서 《에세이피아》를 꺼냈다.

나는 책을 읽을 때 짧은 이야기를 골라 읽는 버릇이 있다. 백설기 속에 심어진 건포도를 먼저 빼먹는 것처럼. 주르륵 넘기다 손광성 선생님의 '민예품 지상전'에 눈이 멈추었다. 고풍스러운 남포. 그리고 그것에 얽힌 특별한 이야기.

'이제는 신을 사람도 없는 양말을 어머니는 깁고 계시고, 누나들은 여전히 혼숫감 베갯모에 수를 놓고, 나는 엎드려 코를 훌쩍거리며 아직도 밀린 숙제를 하고 있다' 라고 남폿불이 켜진 방안의 정경을 흑백사진처럼 펼쳐 놓으셨다. 선생님에게 남포는 어머니와 누나들을 불러들이는 영매靈媒였다면, 나에게는 어린 시절 우리 방으로 데려다주는 타임머신 같았다.

우리는 남포를 호야라고 불렀다. 외진 우리 집은 전기가 늦게 들어와 한동안 호야를 켜야 했다. 밤이 깊도록 호야불 아래서 오빠는 무언가를 만들고, 엄마는 못다 한 일을 하셨다. 나도 코를 훌쩍대며 숙제를 했을까. 저녁마다 우리 집에 자주 오는 입담이 걸쭉한 이웃 아저씨가 하는 이야기가 듣고 싶어 한쪽 귀는 열어놓고 책을 읽었다. 흔들리는 불빛 속에 달라지는 아저씨의 익살스런 표정과 19금이 섞인 이야기들은 흥미진진했다. 아이들은 그 시절 그렇게 자연스럽게 어른들의 세계를 배웠다.

'허약한 남폿불 아래서도 우리는 자주 오붓했다.'

그 대목을 읽는 순간 떠오르는 영상 하나가 나를 사로잡았다. 희미한 호야 불빛 아래, 방바닥에 엎드려 편지를 쓰시는 젊은 아버지.

아버지는 '왜정시대' 때 일어를 배워 잘하셨다. 일본에서 친척이나 손님이 오면 통역을 했고, 동네분들이 일본에서 온 편지를 읽어 달라거나 답장도 청했다. 특히 이웃 할머니가 오사카에 사는 이복동생에게 보내는 편지를 자주 부탁하시곤 했다. 아버지는 벽장에 올려놓은 상자에서 편지지를 꺼내 반듯하게 펼치셨다. 멍석에 널린 콩만큼이나 쏟아내는 할머니 말을 조용히 듣고는 제문을 쓰듯 정성을 다해 편지를 쓰셨다.

아버지는 오른쪽 끝이 살짝 올라가고 세로획을 아래로 길게 빼며 글씨를 쓰셨다. 십오도 정도 기울어지며 각진 예스런 글씨는 일제히 오른쪽 어깨를 올려 정렬해 있는 병사들 같았다. 종이에 배겨 난 글씨만 보아도 알 수 있을 정도로 힘주어 글씨를 쓰셨다. 굵고 딱딱한 손가락에 잡힌 펜이 부러질까 걱정될 정도로. 일본어 'お'를 동그랗게 궁굴리고 마지막에 점을 찍는 모습이 근사해서 나도 따라 그리기도 했다. 'の' 같은 글씨들이 활달한 필체로 쓴 한자와 리듬을 만들었다. 방안에는 편지지 바스락거리는 소리와 사각거리는 펜 소리만 들렸고, 그것은 호야 불빛과 묘하게 어울렸다.

편지를 쓰는 동안 호야불도 조용히 타올랐다. 등잔에 뱀처럼 똬리를 틀고 있는 심지를 타고 기름이 타들어가는 모습은 주변의 가라앉은 모든 것들을 끌어모아 홀연히 하늘로 올라갈 것 같은 서글픔이 서려 있었다. 고요한 주위에 때로 싸락눈이 창호지 문을 두들기면 귀신의 기침처럼 불꽃이 일렁거렸고, 천장에 웅크린 시커먼 그림자도 흔들리며 우리를 내려다보고 있었다. 내 상상력은 집을 온통 둘러싼 어둠만큼이나 자라났다.

호야불 아래에서 아버지는 편지를 쓰고, 오빠는 우리들 놀잇감을 뚝딱 만들어 주었다. 편지 쓰는 아버지를 바라보며 엄마는 할머니와 동네 가십거리를 이야기하는 동안 겨울밤은 깊어만 갔다. 벽에 걸린 Sweet Home이라고 수놓아진 하얀 횟대포에 그려진 크고 작은 그림자들이 금방 일어설 것처럼 선명했다.

호야의 기름이 얼마쯤 연기로 올라갔을까. 아버지는 다 쓴 편지를 우리말로 번역하여 들려주셨다. 잘 생각나지 않지만, 보내준 옷 잘 받았다, 식구들의 안부며 그동안 생긴 일을 들려주는 내용들이었던 것 같다. 할머니가 두서없이 말씀한 것들을 어쩌면 저리 조목조목 글로 정리할 수 있는지 항상 놀라웠다. 돌이켜 생각해 보면, 아버지 옆에서 그걸 들으면서 남의 말을 듣고 어떻게 글로 구성하는지를 그때 배우지 않았을까.

읽어 주는 편지를 다 들은 할머니는 쪼글한 입에서 씹던 고구마가 튀어나오게 칭찬을 하셨다. 난 할머니가 가져오는 주전부리도 좋았지만 대접받는 아버지 모습이 정말 좋았다. 일본어는 아버지만 하는 줄 알고 우쭐댔다. 아버지가 최고였다.

아버지는 이제 더 이상 젊지 않으시고, 방에는 휘황한 전깃불이 눈부시다. 그 불빛 아래서 '오붓했던' 그 시절 한 조각 그림을 불러올 수는 있지만, 호야에 불을 켠다 한들 젊은 아버지로 되돌릴 수는 없는 일이다.

프라하 공항에 다 와 간다는 기장의 목소리가 나의 애상을 휘저어 놓았다. 기내는 부산해지고, 나는 호야불을 끄듯 책을 덮었다.

먼 훗날 남포처럼 오늘을 불러들이는 무엇을 이곳에서 만들 수 있지 않을까. 나는 마음이 조금씩 설레기 시작했다.

참깨처럼 쏴아쏴아 쏟아지는 것들이
얼마든지 있을 거라고 생각하며 정신없이 털다가
"아가, 모가지까지 털어져선 안 되느니라"
할머니의 가엾어하는 꾸중을 듣기도 했다.

– 김준태 《참깨를 털면서》에서

아버지의 참깨밭

아버지가 보낸 소포가 왔다. 늘 그렇듯 상자는 바오밥나무처럼 배가 불룩했다. 풀냄새, 흙냄새가 뒤섞인 고향 냄새. 감자와 마늘 사이로 볼록 솟은 검은 비닐봉지에는 참깨가 가득 들어 있었다. 살살 휘젓다가 한 움큼 집어 손바닥에 올려놓았다. 서늘한 참깨알이 사르륵 손가락 사이로 흘러내렸다. 이제 참깨 농사를 그만두셨으니 이게 아버지가 지은 마지막 참깨리라.

그 '마지막'을 볶으며 한 알이라도 튈까 봐 조심스레 저었다. 고소한 냄새가 온 집안에 진동했다. 그러나 그건 곧 아버지의 갈옷에서 나던 땀냄새였다. 아버지의 땀을 볶고 있는 것이었다. 아버지와 함께 바람에 쓰러진 참깨를 일으켜 세우던 지난날들이 어제인 듯 내 시야에 아득히 펼쳐졌다.

참깨 농사는 참 까다롭다. 아기를 돌보듯 손이 많이 갔다. 어린잎이 네댓 개 돋아나면 첫 번째 김을 매 주기 시작해서 깨가 익을 때까지 여남은 번 약을 치고 여러 번 김을 매야 했다. 참깨의 여린 대궁이가 꺾일세라 아버지는 허리를 굽혀 김을 매곤 하셨다. 큰 바람이 불고 나면 시들시들 위태했고, 비가 많이 와도 밑둥치가 노랗게 썩어 애를 태웠다.

바람이 센 제주도에서 병충해에 약한 작물을 가꾼다는 게 여간 힘든 일이 아니었다. 여름 장마를 견뎌 냈다고 해서 참깨 농사가 끝나는 것은 아니었다. 추수할 때쯤이면 병충해나 바람이 아닌 참깨 도둑까지 지키느라 밭에서 여러 번 밤을 새우기도 하셨다. 그렇게 키운 참깨였다.

어느 화창한 날을 잡아 잘 익은 것만 베어 한 다발씩 묶고 햇볕이 잘 드는 담벼락에 세웠다. 비에 젖지 않도록 비닐을 덮었다 열었다 하기를 또 여러 차례. 바람과 햇살에 말라 벌어진 꼬투리 안에 하얀 참깨가 고른 이를 드러내고 하얗게 웃었다.

깨털기를 할 때, 나는 한약이 가득 든 약사발을 나르듯 참깨단을 날랐다. 아버지는 깨 한 알도 땅바닥에 떨어지지 않게 털어 모았다. 참깨 모가지가 떨어지지 않도록 거꾸로 들고 살살 두들기면 소나기가 쏟아지듯 참깨가 '쏴아쏴아' 하고 비닐장판

위에 수북이 쌓여 갔다. 하얀 돈이 쏟아져 내리는 것처럼.

아버지는 깨를 털며 깨 볶는 향기만큼이나 고소한 꿈을 꾸곤 하셨을 것이다. 한여름 햇살에 달궈진 갑바에 엉덩이가 데일 것 같았지만 신명이 났다. 그것으로 송아지도 사고 우리 학비며 동생 병원비를 댔다.

태풍의 길목 제주도. 오지 않는다고 아무도 그리워할 사람도 없으련만, 동네 구멍가게에 들르듯 해마다 태풍은 빠지지 않고 제주 문턱을 넘나들었다. 그때마다 태풍은 광포한 힘으로 막 여물기 시작한 참깨를 쓸어버리는 것은 물론 집 몇 채 날려 버리는 것은 일도 아니었다.

초등학교 6학년 때인가, 우리 참깨가 잘 되었다고 동네에 소문이 났다. 길가에 있던 너른 밭에 여물어 가는 참깨 꼬투리가 알알이 탐스러웠다.

"꾀꽃 지고 노리롱하게 익어 갈 때가 젤로 좋지."

밭을 둘러보고 온 아버지 얼굴에는 참깨꽃처럼 하얗게 웃음이 피었다. 곧 깨를 수확하면 올해는 꼭 1등품을 만들어 좋은 가격을 받을 수 있을 것이라고 흐뭇해하셨다. 참깨 꽃말처럼 '기대'했다.

때늦은 태풍이 올라왔다. 집이 통째로 뽑혀 나갈 듯이 흔들렸다. 문들이 곧 뜯겨 나갈 듯 휘어졌다. 급기야는 부모님과 합세하여 사력을 다해 현관문을 붙들었다. 성난 바람이 삽시간에 들이쳐 우리까지 날려 버릴 기세였다. 으르렁거리는 바람 소리는 이미 우리 혼을 다 앗아가고 말았다.

비바람이 몰아치던 기나긴 밤이 지난 다음날. 잔인하도록 고요했다. 오래된 삼나무가 부러져 마당에 드러누웠고, 나뭇잎이며 부러진 가지들이 올레 밖까지 가득했다.

들녘은 더 처참했다. 참깨는 이리저리 꺾이고 쓰러지고 뒤엉켜 성한 것이 없었다. 아버지는 한참을 망연히 서 계시다가 일일이 참깨를 일으켜 세우고 실한 것만 베었다. 아버지 뒤에서 나도 같이 참깨를 일으켜 세웠다. 한 번 꺾인 것은 다시 세워도 살아나지 않았지만 그냥 둘 수 없었다. 덜 익은 참깨의 비릿한 풋냄새. 아버지의 얼굴은 흙빛이었다. 하룻밤 사이에 모든 계획이 날아가고 말았다. 참았던 울음이 땀과 뒤범벅이 되어 얼굴을 타고 내렸다.

창고를 넓히고 집 지붕과 벽에 페인트 칠도 하고, 감나무 옆에 있던 변소를 뜯어내고 본채에 이어 욕실과 화장실을 현대식으로 고칠 예정이었다. 우리는 새로 생길 커다란 욕실과 화장실에 부풀어 있었다. 깊은 밤에 변소 가는 것을 더 이상 무서워하지 않아도 되기 때문이었다. 태풍은 그런 아버지의 희망을 여지

없이 꺾어 버렸다.

상심한 아버지 마음은 아랑곳없이 햇빛은 아수라장이 된 참깨밭에 쏟아져 내렸다. 그때 나는 생각했다. 아버지가 이제는 더 이상 참깨 농사를 짓지 않을 거라고.

그러나 아버지는 이듬해에도, 그 다음해에도 참깨 농사를 지으셨다. 참깨에 매달리는 아버지를 어린 마음은 이해할 수 없었다. '노리롱'하게 익어 가는 참깨가 그리 아까웠을까. 수북이 털고 난 참깨가 손가락 사이로 사락사락 흘러내리는 것이 눈에 밟히셨을까.

해마다 태풍은 어김없이 몰려왔다. 돌담을 무너뜨리고 나무도 뿌리째 뽑아 버리고 지붕도 날려 버렸다. 인정사정없이 들녘을 만신창이로 짓밟았다. 그러나 아버지만은 쓰러뜨리지 못했다.

아버지는 또 묵묵히 쓰러진 그것들을 일으켜 세우셨다. 어쩌면 쓰러진 당신을 일으켜 세우는 것 같기도 했다. 태풍이 지난 자리에 다시 씨를 뿌렸고, 아버지의 참깨밭에는 아버지의 꿈처럼 또 하얗게 참깨꽃이 피었다.

다 볶은 참깨를 작은 병에 조심스럽게 담았다.

참깨꽃 위로 피어오르는 하얀 아지랑이 속에서 깨밭을 둘러보며 서 계신 아버지 뒷모습이 가물가물 보이는 듯했다.

풋고추 열 개

이른 아침, 산책을 가려고 나섰다. 태풍이 지난 바다는 거친 파도가 잦아들었지만 자신의 힘을 다 떨치지 못한 미련이 남은 듯 아직도 바람은 남아 있었다. 한 시간 정도 바닷가를 돌고 오는데 길목에 아주머니가 푸성귀를 늘어놓고 팔고 있었다. 운동복 뒷주머니에 천 원짜리 한 장이 축축한 채로 들어 있었다.

"죄송하지만 천 원어치만 주실 수 있으세요? 돈을 안 가지고 와서요. 조금만 주세요."

아주머니는 풋고추 무더기에서 덜어 담으며 웃으셨다.

"고맙습니다. 많이 파세요."

'개시'라는데 더 사 드렸어야 했는데…. 고추 끝을 보니 아직 물기가 남아 있는 것이 금방 딴 것 같았다.

《토지》를 읽다 보면 고봉의 보리밥과 된장과 풋고추, 구운 청어

한 마리로 차려진 밥상이 나온다. 밥상의 주인공은 노릇노릇하게 갓 구워진 청어이련만 내 눈에는 풋고추에 더 마음이 갔다. 난 그와 같은 밥을 꼭 먹어 보리라 무슨 결연한 의지를 다지듯 다짐했었다. 진짜로 그와 똑같은 밥상을 만들어 풋고추를 된장에 찍어 먹으면서 행복해한 적이 있었다.

온갖 양념을 해서 쌈장을 만들고 고추를 식탁 가운데 차려놓았다. 방금 사우나를 하고 나온 듯한 풋고추는 투명한 초록빛을 뽐내며 다른 반찬을 압도했다. 쌈장에 찍어 와삭 씹었다. 풀냄새의 향긋함이 입안에 퍼졌다. 이 아주머니는 아침마다 푸성귀를 팔아 살림에 보태실까. 풋고추를 씹으며 나는 엄마를 생각하는 것이다.

고등학교 2학년 때였다. 동생의 긴 병치레와 제주시에 따로 나와 자취를 하는 오빠와 나를 뒷바라지하느라 부모님은 허리가 휘셨다. 아무리 힘들어도 젊은 시절 피땀으로 사들인 땅은 꼭 지키고 싶어 하셨다. 감당할 수 없었던 동생의 병원비를 댈 때도 지켜 낸 땅이었다. 그러니 땅 팔아 학비를 대는 것은 어림도 없는 일이었다.

어느 주말, 나는 일은 하는 둥 마는 둥하고 이른 버스시간에 맞추어 가려고 부산을 떨었다. 월요일 시험을 핑계 삼아 빨리

가야 한다고 엄마를 바쁘게 했다. 엄마는 돈을 꺼내 주면서 한마디 하셨다.

"서귀포장에 가서 고추 판 돈이란다."

나는 아무 말도 못하고 돈을 받아 넣고 집을 나섰다.

버스를 기다리며 애꿎은 돌멩이만 발로 찼다. 어딘가 화풀이를 하고 싶은데. 산방산만 짓궂게 바라보았다. 항상 푸근하게 나를 맞아 주던 산인데 그날은 그렇지 못했다. 동네 앞으로 바싹 다가앉아 앞길을 턱 가로막는 것 같았다.

버스 차창 밖으로 풍성한 들녘이 지나갔다. 그 해 풋고추가 튼실하게 잘 자랐다. 풋고추를 따다 보니 한 광주리가 넘었다. 한푼이 아쉬웠던 엄마는 당신이 직접 팔러 나갈 생각을 하셨다. 새벽같이 밭에 나가 들일을 하다가 오후가 되면 고추밭으로 가셨다. 고춧대가 상하지 않게 붙잡고 수백 번도 더 허리를 굽히며 실한 고추들만 골라 땄겠지. 부랴부랴 몸을 씻고 조금이라도 값을 더 받으려고 서귀포로 가는 버스를 탔다. 고추 자루를 짊어지고 서귀포시장을 여기저기 훑고 다니셨겠지. 목 좋은 곳은 이미 다른 사람 차지였고. 엄마는 엉거주춤 빈 곳을 비집고 들어가 앉아 낯선 시선을 견디며 고추를 한 개 한 개 쌓아 놓았겠지.

풋고추 열 개에 백 원. 서귀포까지 버스비가 삼백 원 하던 시절이었다. 과수원 귀퉁이 밭에서 가꾼 고추는 빛깔이 고와 사람들 눈에 띄었다. 노을이 시장 건물 사이로 내려앉을 때까지 고추를 다 팔았다. 칠천 원 남짓을 지갑에 넣을 수 있었다.

그해 여름 고추가 익어 갈 때까지 엄마의 서귀포행은 계속되었다. 오로지 엄마 마음속에는 이것을 팔아 아이들 생활비라도 보태야겠다는 생각밖에 없으셨다. 아는 분이 지나다가 엄마를 알아보고 깜짝 놀라셨다.

"아이고 성님, 이거 안 팔면 못 살안 나왔수광."

엄마는 자존심 하나로 버텨 온 분이다. 동네에서도 멋쟁이로 소문이 난 어른이 시장 바닥에 좌판을 깔고 고추를 파는 것도 자식을 위해서라면 아무것도 아니었다. 시장 한켠 길바닥에 앉아 있는 엄마를 쳐다보는 사람들의 눈초리를 생각하니 나는 목이 메었다.

썰렁한 자취방에 도착해 엄마가 싸 주신 밑반찬들을 가방에서 꺼내 놓았다. 여태 참았던 눈물이 쏟아졌다. 열심히 공부해야겠다는 생각이 들었다. 그날 밤 나는 부모님께 긴 편지를 썼다. 고생하는 엄마 아부지께 이다음에 효도하겠다고.

그 후 나는 교사가 되었고, 몇 년 동안 집에서 살게 되었다. 경제적으로 조금 도움은 되어 드린 것 같으나 약속처럼 편안히 모셨다고 말할 수는 없다. 지금은 부모님 걱정 안 끼치고 나의 가족들과 다복다복 사는 모습을 보여 주는 것과 가끔씩 드리는 용돈으로 '편안히 모시는 것'을 퉁치려 했다.

언제나 나는 길가 모퉁이에 푸성귀를 놓고 파는 할머니가 있으면 지나치지 못한다. 당장 먹을 것도 아닌 야채들을 주섬주섬 사 온다. 장바닥에 풋고추를 쌓아 놓고 앉아 계시던 엄마의 얼굴이 거기 있기 때문이다.

사랑과 죽음에 대한 이야기는
이미 너무 많이 말해졌는지 모른다.
그럼에도 그것은 아직 전혀 말해지지 않는 듯하다.

– 남진우 시집 《사랑의 어두운 저편》 시인의 말에서

부모의 마음은

1.

김장철이네요. 배추는 이미 주문했고, 마늘은 시어머니께서 찧어 냉동해 비행기로 공수해 주셨습니다. 몸도 불편한데 새끼 마늘까지 까서 손으로 찧어, 젓갈액을 조금 섞어 비닐팩에 담아 납작하게 냉동을 하셨어요. 그렇게 하면 살짝 얼어서 쓰기가 좋답니다. 떡시루처럼 켜켜이 냉동한 것을 녹여 먹을 때마다 구부려 앉아 아린 마늘을 까는 어머니 손길이 느껴집니다.

고춧가루는 사야 합니다. 해마다 고춧가루를 보내 주는 문우 어머니가 계십니다. 올해도 김장고추를 부탁했더니 잘 포장해서 보내 주셨네요. 얼마 전부터 불편해진 다리로 캐리어에 끌고 마을회관에 가서 택배로 부치셨을 것을 생각하니 가슴이 뭉클

했어요.

곱게 간 고춧가루를 보니 엄마가 보내 주시던 고춧가루 생각이 나네요. 엄마가 건강하실 때는 최고로 좋은 고추만 따서 볕 좋은 날 마당에 말리고, 흰 수건으로 일일이 닦고, 꼭지를 따서 고춧가루로 갈아 보내 주셨어요. 매운 것을 싫어하는 자식이 행여 곤욕을 치를까 늘 순한 맛으로 보내 주셨어요. 그것으로 김장을 담그면 오대산 단풍처럼 유난히 김치 색깔이 고왔어요.

냉동고에는 아직도 엄마가 보내 주신 작은 고춧가루 봉지와 무말랭이가 곱게 싸여 있습니다. 엄마가 편찮은 후부터 엄마 손길이 닿은 음식이 어디에도 없는 지금, 그것만이라도 오래 아껴두고 싶은 마음입니다.

며칠 전 아버지가 귤을 보내 오셨어요. 늘 그렇듯 '앞으로 나란히' 줄을 세워 빽빽하게 담으셨어요. 한 개라도 더 주고 싶으셨겠죠. 조금 꺼내 먹고 다른 곳에 옮겨야지 해놓곤, 이런저런 세상사에 허둥대다 주방 베란다 한쪽에 둔 귤 상자는 까맣게 잊고 있었네요.

오늘 아침 상자를 정리하려고 보았더니 아래쪽 한 칸은 벌써 썩어가고 있었지 뭐예요. 물러진 부분을 도려내고 괜찮은 부분만 떼어내도 큰 그릇에 넘쳤어요. 미리 꺼내 놓지 못한 것을 자책하면서 주스로 만들어 식구들과 먹고 더러는 잼으로도 만들었어요.

언젠가 콩잎이 먹고 싶어 아버지께 전화했더니 한 상자나 따서 보내셨어요. 어서 씻어서 삼겹살에 싸 먹을 생각에 상자를 풀면서 벌써 군침이 돌았지요. 고소한 삼겹살에 비릿한 콩잎. 환상적인 맛이거든요. 그런데 상자를 열어 보니 콩잎은 솥에 푹 찐 것처럼 뭉그러져 단 한 장도 성한 것이 없었어요. 한여름 달아오른 날씨에 여린 이파리들이 견디질 못했던 거예요. 따가운 햇살 맞으며 연한 것만 고르느라 무성한 콩잎을 헤쳤을 아버지 모습만 가득했어요. 차마 그 말씀은 못 드리고 맛있게 잘 먹었다고 했던 일이 생각나네요.

언제나 그랬어요. 뭘 보내도 상자 옆구리가 불룩하게 금방 터질 듯 담으셨어요. 그것이 부모 마음이겠지요. 아픈 엄마를 돌보시며 틈틈이 가꾼 것인데. 이 아침, 썩은 것을 버리며 죄지은 마음입니다.

2.

졸업을 앞둔 아들이 취업 때문에 매주 면접과 시험을 보러 다니고 있네요. 예민해진 녀석에게 말 걸기도 주저할 때가 있어요. 엄마로서 해 줄 말이 별로 없습니다.

"너무 걱정하지 마. 어딘가는 네 자리가 있겠지."

아들이 학교에서 시험을 보고 오면 얼굴부터 살피곤 했지요. 어두운 얼굴로 들어오면 가슴이 무너지고, 조금 밝은 얼굴로 들어오면 저도 마음이 가벼워지곤 했어요. 지나고 나니, 그때는 '지상 과제'였던 대학 보내기는 취업에 비하면 정말 아무것도 아니네요. 바늘구멍보다 더 작은 취업 전선. 이과에 비해 취업률이 턱없이 낮다는 '문송'한 아들.

고달픈 청년 실업의 현실을 아들에게서 봅니다. 부모가 대학교 총장도 아니고, 공사 사장도 아니기에 우리 아들은 맨땅에 헤딩하기로 열심히 입사지원서를 내고 면접을 다니고 있습니다. 이 고개를 넘으면 또 다른 고개가 기다리고 있겠지요. 그게 인생이잖아요.

아이 아빠가 새벽부터 아들 양복을 다려주고 와이셔츠에 넥타이를 대봅니다. 빨강으로 했다가 체크무늬 파랑으로 했다가 차분한 보라로 했다가. 다시 진취적인 느낌이 나는 파랑으로 골라 반듯하게 걸어놓습니다. 먼지를 떼어내고 옷매무새를 정리하고는 찬찬히 바라봅니다. 그 옛날 자신의 모습을 보고 있는 걸까요.

나는 나대로 무언가 할 수 있는 게 없을까 서성거립니다. 예상 질문에는 이렇게 대답해라, 하고 '족보'를 줄 깜냥도 되지 못하고. 이렇게 간절한 마음일 때는 어딘가 기댈 곳을 찾게 되잖아요. 절에 가서 '취업성취' 발원을 쓰고 콩 백설기를 올렸어요. 그렇게라도 해야 할 것 같았어요. 음식을 대중에게 공양하면 좋은 공덕이 된다는군요. 여러 사람이 따듯한 시루떡 한 조각을 맛있게 먹는 생각을 하니 기분이 좋아졌습니다. '밥 잘 사는 사람이 잘 되더라'는 말도 있잖아요.

양복을 입고 거울을 보는 아들을 가만히 봅니다. 고슴도치도 제 새끼는 예쁘듯이 아들이 참 멋져 보이네요. 산뜻하게 자른 머리에 검은 모직 양복과 흰 와이셔츠, 파랑 넥타이가 잘 어울립니다. 방안 가득 빛이 납니다. 언제 저렇게 커버렸을까. 놀이터에서 놀다가 무릎이 까져 흙먼지 눈물범벅인 아이를 보며 마음 쓰리던 그때가 어제인 듯한데.

면접을 끝내고 아들이 돌아왔습니다. 우리 부부는 동시에 얼굴부터 살핍니다. 아들은 나를 보자마자 배가 고프다고 합니다. 엄마 얼굴은 밥이거든요. 어릴 때나 커서나 엄마 얼굴을 보면 배가 고파지나 봅니다. '엄마'와 '맘마'는 같은 어원일 거라는 어느 시인의 말이 떠오릅니다. 밥을 달라는 말이 오히려 반가워 얼른 식사를 준비합니다. 아껴 둔 쇠고기를 굽고 계란 프라이에 아들이 좋아하는 시금치나물을 무쳤습니다. 남편이 왜 아들만 주냐고 합니다.

모든 부모가 그렇겠지만 자식이 '좋은 일'을 하며 행복하게 잘 살기를 바랍니다. 좋은 일이란 힘들지 않으면서 그에 대한 보상도 많고 만족감이 높은 일이겠지요. 아들에게 좋은 결과가 있었으면 좋겠습니다.

"자식들이 잘 되는 게 부모의 젤 큰 기쁨이여."

부모님이 늘 하시던 말씀입니다. 부모가 되어야 부모 마음을 안다고 했던가요. 우리 부부도 이제 진짜 부모가 되었나 봅니다.

– 졸업을 앞두고 아들은 무사히 취업이 되었습니다. 그저 고마울 뿐입니다.

아낌없이 주는 나무

고향집 뒤란에는 감나무가 있다. 내가 태어나기 전부터 있던 오래된 나무다. 지붕 위를 넘는 키에 풍성한 가지를 뽐내는 유자나무도 있었지만 나는 감나무에 더 애정이 갔다.

감나무 바로 옆에 내 방이 있었다. 새소리와 함께 봄이 왔고, 창문을 넘어 들어오는 진한 감꽃 향기. 마카로니를 쏟아 놓은 듯 작고 연노란 별꽃이 나무 아래 수북했다. 그것으로 달콤한 꿀을 빨고 감꽃 목걸이를 만들기도 했다.

아버지가 감나무 갈라진 가지에 판자를 얹어 주고, 엄마가 낡은 담요를 깔아 준 그곳은 우리만의 여름 궁전이었다. 동생과 거기서 찐 감자를 먹으며 숙제를 하고, 소나기를 우산으로 가리며 여름을 보냈다. 누우면 온통 하늘이 내 품 안으로 들어왔다.

매미 소리가 잦아들 즈음 어김없이 몰려온 태풍에 떨어진 감은 소금물에 담가 간식거리가 되었고, 감물 들일 때 떫은 즙이 빠진 말랑한 감씨는 마시멜로처럼 특별했다. 늦가을에 딴 감을 보리 항아리에 묻어 두면 겨우내 달콤한 홍시가 되었다.

감이 제법 튼실해지면 엄마는 광목으로 만든 몸빼와 아버지 일복에 감물을 들이셨다. 커다란 고무다라이에 통통한 풋감을 쪼개어 으깬 것을 옷에 뭉쳐 감물이 스며들게 잘 주무르고, 감 찌꺼기를 털어내어 볕 좋은 마당에서 일주일 넘게 말렸다.

푸릇하게 물든 옷은 해를 받으며 밝은 갈색이 되었다가 점점 짙어졌다. 갈옷은 질기면서도 살갗에 달라붙지 않아 여름철 농사일에는 제격이었다. 부모님은 여름 내내 갈옷을 입고 밭일을 나가셨다. 그 갈옷의 힘으로 우리가 컸다.

요즘은 좋은 천에 감물을 들여 비싼 가격에 팔리는 특별한 옷이 되었다. 그러나 나는 갈옷을 보면 외면한다. 아무리 질이 좋고 근사해도 그것은 다만 고단한 노동복으로밖에 보이지 않는다. 갈옷을 입고 한여름 뙤약볕을 맞으며 일하던 부모님의 지난한 삶이 거기 묻어 있기 때문이다.

작박성벽처럼 생긴 돌무더기 위에 앉아 늦은 점심으로 풋고추와 자리구이 몇 마리, 된장을 풀은 오이냉국으로 요기를 하시던 어머니 아버지. 땀에 젖은 갈옷보다 더 그을린 아버지 얼굴,

갈라진 손, 갈옷 사이로 검은 반점이 버짐처럼 번진 엄마의 목. 그 옷에 고단함이 녹아내려 하얀 광목에 배어들었을 것만 같았다.

감나무도 고역일 때가 있었다. 명절이 다가오면 동네 어른들이 살찐 돼지를 끌고 와서 뒤란 나무에 매달기 때문이었다. 왜 하필 우리 집 나무였는지 모르지만, 몇 년 동안 그 일이 이루어졌다. 그때만큼은 우리 집에 큰 나무가 있는 것이 원망스러웠다.

밧줄에 묶인 채 나뭇가지에 매달린 돼지는 사력을 다해 버둥거리며 그야말로 온 동네가 떠나가게 비명을 내질렀다. 누군가 돼지 양쪽 귀와 콧구멍에 담배를 끼웠다. 어른들은 우스꽝스러운 모습으로 죽음을 희화화하며 축제의 서막처럼 그 소리를 당연하게 여기는 것 같았다.

나는 방 안에서 귀를 틀어막고 있었다. 한바탕 소란이 지나고 잠잠해지자 보릿짚을 피워 돼지털을 그을리는 냄새가 진동했다. 털이 타는 노린내가 속을 뒤집어 놓았다. 불 속에서 돼지는 또 한 번 죽었다. 가장 실력 있는 분이 그을린 털을 벗겨내고 고기를 잘라 동네 어른들에게 나누어 주었다. 명절 음식을 차릴 제물이었다.

감나무는 몇 년 동안이나 사형대처럼 제물이 버둥거리다

축 늘어질 때까지 매달려 있는 것을 지켜보아야 했다.

이번 고향에 갔을 때 오랜만에 감나무를 찬찬히 보았다. 거친 껍질이 피부병처럼 벗겨지고 뿌리가 쇄골처럼 드러나 있었다. 지금은 그냥 서도 손이 닿을 곳에 있는 여름 궁전. 이제는 같이 놀아줄 친구도 없고, 떨어진 풋감에 아무도 관심이 없다. 드문드문 겨우내 날짐승들의 먹이로 몇 개가 처량하게 매달려 있을 뿐. 일찍 온 추위에 빛을 잃은 감나무 이파리들만 나무 아래 수북했다.

우리 삼 형제가 짝들을 만나 떠나는 것을 고개 숙여 지켜본 늙수그레한 감나무에 부모님 얼굴이 걸려 있었다. 평생 갈옷을 입고 일했던 부모님, 자식들에게 청춘을 다 바치고 늙은 육신과 노환만 남은 부모님.

때가 되면 꽃이 피고 자신을 내어 주던 감나무처럼 부모님의 큰 그늘이 언제나 자리할 줄 알았다. 한 해가 다르게 그 그늘이 쪼그라드는 것도 모르고. 아낌없이 다 주고 쇄골처럼 드러난 둥치마저 자식에게 내어 주고 있다는 것도 몰랐다.

누군가 나이 들어가는 것은 늙는 게 아니라 완성되어 가는 것이라고 했지만, 아픈 엄마는 완성되어 가는 것이 아니라 소멸하고 계시다. 세상에서 가장 힘든 것은 사랑하는 사람이 조금씩 무너지는 모습을 지켜보는 일이다.

삶은 때때로 아주 인색하다.
삶은 단순한 것들로 이루어져 있다.
어떤 것들은 나누어 가질 수 없다.

– 파울로 코엘료 《11분》에서

어바웃 타임,
오늘을 다시 산다면

살면서 가끔 그때 그렇게 했어야 했다고 후회를 한다. 결정적인 때를 무심코 흘려보내고 아쉬워한다. 안타까운 순간을 같이 하지 못했을 때 얼마나 간절히 바라는가. '시간을 되돌릴 수만 있다면' 하고.

시간 여행이란 다소 황당한 이야기를 코믹하게 풀어낸 영화 〈어바웃 타임〉은 '오늘을 다시 살 수 있다면'을 가정한 영화다.

지나간 하루를 다시 살아보는 것, 생각만으로도 신선했다. 잘못된 결정, 지나치고 사라질 것들, 누군가에게 상처가 되었을 행동을 다시 산다면 바로잡을 수 있을 것 같다.

조용하고 아름다운 바닷가 언덕에 있는 고풍스러운 집. 햇살이 쏟아지는 정원에서 해바라기를 하며 책을 읽고, 바닷가에서 차를 마시고 물수제비를 뜨며 시간을 보내는 그들 속으로 나를 끌어들였다. 잠시 나는 영화를 따라 어린 시절로 돌아갔다.

어느 늦가을 따사로운 오후, 마당에 널어놓은 풀 바른 바구니들이 꾸득꾸득 마르고, 빨랫줄의 이불 홑청은 느린 바람에 부드럽게 흔들리며 농익은 가을 햇살을 품고 있다. 향긋한 비누 냄새가 기분 좋게 코끝에 스치는 툇마루에서, 엄마는 당신의 다리 사이에 나를 앉히고 머리를 만져 주며 따뜻한 눈길로 나를 내려다보고 계신다. 엄마의 맑은 눈 속에 내가 가득 담겨 있다. 그때만큼은 온전히 나만의 엄마였다.

바쁜 농사일과 아픈 동생에게 비껴간 사랑으로 배고픈 나는 늘 엄마의 관심을 갈망했다. 새벽 어둠 속에 소리 없이 시들어가는 그믐달 같은 상실감. 엄마는 나만의 엄마가 아니었다.

영화는 다시 나를 현실로 데려왔다. 주인공 팀은 이웃집 청년처럼 평범한 캐릭터로 우유부단하고 어리숙했다. 하지만 진실하고 순수한 기운 때문에 사랑스런 여주인공과 사랑이 이루어지기를 진심으로 바라게 했다.

팀이 스물한 살 되던 날, 아버지에게서 집안 대대로 내려오는 시간 여행에 대한 비밀을 듣게 된다. 과거로 돌아갈 수 있는 능력이 주어진 특별한 운명. 이미 많은 아버지들이 돈 때문에 인생을 탕진했으니 평범한 삶을, 거의 똑같은 하루를 다시 살아보라고 한다.

어제는 지나쳐 버린 점원의 미소와 따뜻한 인사말도 다시 사는 오늘에서야 알아차리게 된다. 일터가 새롭게 보이고 흘려 버릴 수도 있는 일상의 평범한 것들이 의미 있게 다가온다. 어제와 다른 충만한 기쁨을 느낀다.

우리에게 치명적인 약점이 있다면 시간이 지나고 나서야, 그때서야 비로소 소중하고 아름다웠다는 것을 깨닫게 된다. 내게 행복이 머물러 있을 때 알지 못하여 지키지 못한다는 것이다.

그들에게 위기가 온다. 아기와 아버지 중에 누군가를 선택해야 하는 슬픈 현실 앞에 팀은 고민한다. 아버지와의 마지막 시간 여행. 영원한 이별을 앞둔 순간에 그들이 간직한 인생에서 가장 행복했던 시간으로 돌아간다. 궁금했다.

카메라의 앵글은 한적한 바닷가에서 오후 한때를 보내는 그들의 뒷모습을 롱테이크로 보여 준다. 다시 오늘로 돌아온 팀은 도시락 가방을 들고 학교에 들어가는 딸을 배웅하며 미소 짓는다. 만족스러운 오늘을 보내며 이제 더 이상 시간 여행을 할 필요를 느끼지 않는다.

> 평범한 마지막 날이 오늘임을 알고 완전하고 즐겁게 매일 지내려고 노력할 뿐이다. 매일매일 사는 동안 우리가 할 수 있는 건 최선을 다해 이 멋진 여행을 만끽하는 것뿐이다.

수많은 오늘이 모여 이뤄지는 인생. 우리는 매일 시간 여행을 하는 것이다.

내가 살아온 날들 중에서 행복했던 때는 언제였을까.

어린 날 오일장에 가서 엄마와 팥죽을 먹을 때, 뜨거운 김이 우리 얼굴을 덮었고 붉은 립스틱을 바른 엄마의 젊은 얼굴이 떠오른다. 식구들과 깔깔거리며 화투를 치던 한때, 모두 모여 저녁을 먹으며 즐겁게 하루 일을 풀어놓는 가족들을 흐뭇하게 바라보는 때가 있었지. 여행지 수영장에서 누가 잠수를 오래 하나 내기하던 때도 있었지. 일상의 한때, 모두 가족과 함께 한 시간이었다. 행복한 감정은 그리 대단한 것으로 오는 것이 아니다.

영화 속의 음악은 감미로웠지만 나에게는 가슴을 후벼파게 했다.

> How long will I love you,
> How long will I give to you,
> How long will I be with you?

나는 엄마를 얼마나 오래 사랑할 수 있을까. 엄마에게 얼마나 오래 내 마음을 줄 수 있을까. 엄마와 함께 할 시간이 얼마나 남아 있는 걸까. 엄마의 눈빛이 예전 같지 않다. 그리도 맑던 눈에 안개가 내려앉아 한꺼풀 덮인 채, 세상을 읽는 예지가 커튼에 가려져 있다. 엄마의 눈을 볼 때마다 생명을 갉아먹는 어떤 벌레가 엄마 눈 속에 사는 것이 아닐까 생각한 적이 있다. 아기처럼 누워 계신 엄마. 매일 한 보따리씩 약을 드시는 엄마. 엄마는 오늘을 살지만 그 멋진 여행을 하지 못하고 계시다.

영화에서 그들처럼 과거로 돌아간 특별한 한순간은 언제일까. 나는 찔레꽃 핀 하얀 길을 엄마 손 잡고 걷고 있을 것이다.

안타깝게도 그런 '오늘'이 내겐 없다.

엄마의 첫사랑

엄마는 여전히 같은 모습이었다. 나아진 것도 없고 더 나빠지지도 않았다. 식욕이 좀 더 많아진 것이 점점 이성보다 본능이 엄마 몸을 지배하고 있는 것 같다. 구운 치킨을 네 개나 먹고 체리도 한 접시를 다 드셨다. 잘 드시니 다행이다.

세발나물을 데치고, 파래도 무를 넣고 새콤달콤하게 무쳤다. 버섯과 브로콜리를 넣고 소고기를 구워 상추에 싸서 드렸다. 엄마는 오막오막 잘 드셨다. 입가에 묻은 물기와 음식물을 닦아 주면 가만히 계셨다. 목에 수건을 두르고 양치를 오래 해 드렸다. 여든셋인데도 고르고 단단한 상아질 빛이 나는 이가 아직도 곱다. 따뜻한 물로 얼굴도 씻기고 로션도 발라 드렸다. 엄마가 아기 같았다.

나를 부르는 소리에 깼다. 새벽 4시. 따끈한 물이 먹고 싶다

하셔서 끓인 물에 찬물을 조금 섞어 갖다 드렸다.

엄마는 물을 조금씩 마셨다.

"아이고, 좋다."

나에게 더 자라고 했지만, 나는 침대에 앉아 있는 엄마 얼굴 앞에 턱을 괴고 앉았다. 엄마는 나를 보다가 낮에 있었던 일을 말씀하셨다. 아버지가 모슬포 안경점에 갔더니 '덕수 일류 멋쟁이가 아프냐'는 말을 들었다면서 한숨을 쉬셨다.

덕수 일류 멋쟁이. 우리 엄마의 또 다른 이름이다. 젊은 시절 하얀 블라우스를 입고 찍은 엄마 사진은 도시 여자처럼 세련된 미인이었다. 특히 눈빛이 맑고 예뻤다. 웃을 때 드러나는 희고 고른 이도.

둘째로 태어난 엄마는 자립심이 강하고 자존심도 셌다. 엄마는 뭐든 지기 싫어하셨다. 그 성격은 아이들 교육에도, 농산물을 다루는 것에도 예외가 없었다. 뭐든 엄마에겐 최고여야 했다.

일을 시작하면 끝내기 전에 미루는 법이 없었다. 엄마의 이런 점을 내가 많이 닮았으면 얼마나 좋았을까. 나는 미루고 또 미룬다. 많이 배우지 못했어도 언제나 트렌드를 앞질렀다. 고등학생 둘을 키우느라 가칠해진 내 피부를 보고 일하는 아줌마도 부르고, 마사지도 하고, 힘든 일 하지 말라고 하시던 엄마다.

“아무 생각도 나지 않아. 그냥 바보 같아. 잘 못 살았다는 생각만 들어.”

엄마는 어제 저녁보다 더 동그랗게 눈은 뜨고 창문을 쳐다보셨다.

“엄마가 왜 잘 못 살았어? 그동안 이 집안 일구고, 아들딸 잘 낳아 번듯하게 교육시키고, 결혼해 잘 살게 만들고, 엄마가 얼마나 잘 살았는데….”

내 말에 동의하듯 엄마는 말씀을 이었다.

호적 나이가 네 살이나 어리게 등록되는 바람에 네 아버지는 군대에 늦게 갔지. 혼자 어린것들 돌보느라 힘들었어. 늦게까지 밭일 하고 지쳐 집에 오면, 둘이 어두운 마루턱에 앉아 ‘엄마 빨리 와, 엄마 빨리 와’ 하면서 울고 있었어. 네 아버지가 월남전에 끌려가게 된다는 소식 때문에 애가 탔지. 애 딸린 아빠라고 다행히 월남행은 면했어.

아버지가 군복을 입고 제대하고 왔을 때, 이미 네 살이나 된 나를 번쩍 안아 올리자, 나는 발버둥치며 ‘왕’ 하고 울었던 기억이 난다. 억척으로 일해 땅을 사고, 그 땅에 농사를 짓고, 다시 땅을 사고. 그런 이야기를 하다가 보니 창이 밝아왔다. 어둠이 서서히 걷히는 여명 속에서 엄마는 나를 물끄러미 내려 보셨다. 나도 엄마 얼굴을 오래 올려 보았다.

"첫사랑 만났었어."

갑자기 엄마가 낮은 목소리로 말씀하셨다. 지난번에 엄마가 약기운으로 힘이 없길래, 여고생들이 젊은 선생님에게 조르듯 첫사랑 이야기를 해 달라고 졸랐었다. 아버지도 다 아는 일이지만 사위 때문인지 대답이 없으셨다.

오래전 외할머니 미수米壽 때, 엄마가 나를 웬 아저씨에게 소개한 적이 있었다. 그냥 아는 고향 분인가 했다. 그는 나를 함빡 웃는 얼굴로 맞았고 지그시 쳐다보았다. 몸이 다부지고 피부가 좋았다는 생각이 난다. 왜 이렇게 다정하게 웃지? 처음 보는데? 그게 의아했었다. 엄마와 맺어질 뻔한 사람이었다는 것을 나중에 알았다. 엄마는 그분 앞에서 뭐랄까, 약간 거만한 듯 보였다. 남자의 애정을 받는 여인의 태도였다. 그분이 마도로스였다는 것, 가끔 고향 잔치 때 몇 번 보았다는 정도만 알고 있었다.

그런데 그 새벽에 엄마가 말문을 여셨다.

몇 년 전 서현역에서 보자마자 나를 와락 안더라. 차도 마시고 밥도 먹고 영화도 봤던가. 이제는 많이 늙어 그냥 담담했어. 당뇨가 있다는 말에 밥이 안 넘어가더라. 만나고 왔더니 외삼촌이 여관엔 안 갔어, 하고 묻더라.

그래 맞아. 살지도 못할 거, 그리 한이 되었는데 한 번이라도 못다 이룬 사랑 해 보지, 나도 모르게 맞장구를 쳤다. 진심이었다.

그러게. 자꾸 가자고는 했어. 엄마는 또 한숨을 쉬셨다. 첫사랑은 이루지 못하는 거라 하잖아. 마음속에만 품고. 그도 나를 못 잊어 했대. 그와는 이미 날도 받아놨었어. 일월 초엿새날. 내 사주를 가져가고 얼마 안 되어 아팠다는 소문을 듣고 언니가 사주를 찾아와 버렸어. 그는 사주를 빼앗긴 후에도 육지로 도망가서 살자고 그렇게 졸랐어. 하지만 어떻게 그러겠니. 그는 내 친구와 약혼을 했거든. 그 집은 우리 집보다 잘 살았어. 남자 집에서 당연히 그 집을 원했지. 포기할 수밖에 없었어.

나는 고향이 싫어졌어. 육지로 떠날 때, 뱃머리에 선 나에게 그가 사과 광주리를 사서 던지더라. 하나 꺼내 먹고 그에게도 하나 던졌어. 그도 사과를 먹으며 날 보았지.

엄마를 향해 손을 흔드는 남자의 머리카락이 휘날렸다. 남자는 여자가 전해 준 사과를 눈물로 베어 물었다. 흔들리는 뱃머리에 선 여자는 그렇게 멀어져 갔다. 그걸로 끝이었다. 그는 다른 여자와 결혼을 했고, 다시 배를 타고 바다로 나가 버렸다.

엄마는 '바다가 육지라면'이라는 노래를 좋아했다.

바다가 육지라면
배 떠난 부두에서 울고 있지 않을 것을…
할 말이 하도 많아 목이 메어 못합니다…
바다가 육지라면
이별은 없었을 것을.

빨래를 하면서 부르고, 넓은 밭 긴 이랑 김을 맬 때도 그 노래를 불렀다. 바람 타고 들리는 노랫소리는 가깝지만 엄마가 먼 바다 한가운데 작은 섬처럼 보였다. 그랬다. 엄마에게 그 노래는 이루지 못한 사랑을 달래주는 굿 같은 거였다. 그 노래를 부를 때마다 바다 위에 출렁거리는 엄마의 위태로운 첫사랑이 보였으리라. 당신의 청춘을, 첫사랑을 데려간 바다가 꿈마다 일렁였으리라.

그러나 엄마는 마음속에만 바다를 남겨 두었다. 당시 유행하던 빌로드 치마저고리를 해 주겠다는 할머니의 달콤한 꼬드김에 마음에도 없는 선을 보게 되었고, 엄마는 아버지의 아내가 되었다.

갑자기 엄마가 꿈꾸듯 말했다.

"거린오름 가고 싶어."

거긴 왜. 그 사람이 거기 묻혔어. 아무에게도 말하지 마.

나는 고개를 끄덕였다. 그러나 마음속으로는 약속을 못 지킬 것 같아, 대답했다. 이렇게 여러 사람에게 소도리하고 있으니까. 그러니 이 글을 읽는 분들도 비밀로 해 주길 바란다.

어느 날 삼촌이 조문 가지 않겠냐고 하길래, 내가 거긴 왜 가냐고 안 갔지. 그렇게 갈 줄 알았으면 살았을 때 맘껏 사랑이라도 해 줄걸.

"거기 가고 싶어?"

엄마는 고개를 끄덕였다. 나는 처량해져서 엄마 손을 잡았다. 그렇게 사랑하는데 마지막을 보지 그랬어. 나중에 하늘나라에 가면 그분을 만나.

그렇구나. 아직도 그 사람을 가지고 있었구나. 애달픈 기억은 오래가는 것이다. 거린오름. 그 이름은 나에게도 다른 의미로 다가올 것이다.

밝아오는 아침. 그 빛과 마주하여 앉은 엄마. 마음이 아팠다. 아픈 엄마가 아프고, 사랑을 못 잊어 하는 엄마가 아프고, 거기 가볼 수 없는 엄마가 아팠다.

아주 오랜 시간이 흘러 엄마가 하늘로 돌아가시면, 엄마가 쓰던 로션이나 엄마 손수건이나 엄마의 흔적 그 어떤 것이라도 거린오름 그 어디에 계실 그분에게 엄마 향기라도 뿌려 드리고 싶다. 엄마에게 말은 안했지만.

나도 꽃처럼

교실에 들어서니 바람결에 실려 온 듯 은근한 난향이 코밑으로 다가왔습니다. 교감 선생님이 교실에 나눠 준 동양란입니다. 잎을 닦아 주고 곁에서 돌본 덕인지 연노란 꽃을 세 송이나 피웠습니다. 별꽃처럼 벌어진 조그만 꽃 속에서 그리 향기가 퍼지는 것이 신기하기만 합니다.

"오십이 넘어야 꽃이 보인다네요."

마침 교감 선생님이 교실에 들어오면서 난꽃 앞에 서 있는 나에게 한마디 했습니다. 오십이 넘어야 주변의 작은 것들이 비로소 내 세상으로 들어온다는 의미일까요. 젊었을 때야 아이들 키우고, 사는 것에 바쁘고, 관계에 집중하느라 주변을 살필 여유가 많지 않기 때문일 것입니다. '꽃이 잘 보일 때'가 아니어도 나는 좋아하는 꽃이 많았습니다.

대학 다닐 때, 친구 따라 제주대학교로 청강을 간 적이 있습니다. 정문에서 본관으로 이어지는 기다란 길 양쪽으로 치자꽃이 만발하였습니다. 온통 치자꽃 향기가 진동했습니다. 스펀지 같은 하얀 꽃잎이 폭신하게 여러 겹으로 고고하게 피어 있는 꽃. 달콤한 꽃향기가 '스위트' 라는 단어에 딱 어울렸습니다. 꽃잎을 따서 향기를 훔치고는 주머니에 넣곤 하였지요.

치자꽃을 보면 고갱이 그린 '타이티 섬의 처녀들'이 떠오릅니다. 붉은 갈색으로 그을린 건강한 얼굴, 풍성한 긴 머리에 꽂은 하얀 꽃이 치자꽃일 거라고 상상했습니다. 타이티 섬에서 흔히 볼 수 있는 꽃으로 치자꽃을 닮은 꽃이 있긴 하네요. 티아레 타이티라는 꽃이 아닐까 하는 생각이 듭니다. '모노이' 라고 부르기도 한답니다. 우아한 꽃이 꽃말처럼 순수한 처녀와 잘 맞는다는 생각이 들었습니다.

이태리의 어느 오래된 도시 교외에 살고 있을 적에 나는 집으로 돌아올 때마다 포석이 고르지 못하여 매우 높은 두 개의 담장 사이에 끼어 있는 좁은 골목을 지나곤 했다. 때는 사월이나 오월쯤이었다. 내가 그 골목의 직각으로 꺾이는 지점에 이를 때면 강렬한 재스민과 리라꽃 냄새가 내 머리 위로 밀어닥치곤 했다. 꽃들은 담장 너머에 가려져 있어서 보이지 않았다. 그러나 나는 꽃내음을 맡기 위하여 오랫동안 발걸음을 멈춘 채 서 있었고 나의 밤은 향기로 물들었다.

장 그르니에의 〈섬〉에 나온 말입니다. 그 글을 읽을 때 리라꽃 향기가 머리 위로 날아다니는 것처럼 느껴졌습니다. 꽃향기를 맡으려 발돋움을 하고 서 있는 모습도 보이고요. 재스민과 라일락꽃 향기. 꽃 이름만 들어도 향기가 스치는 듯합니다.

향기로 치자면 라일락이나 프리지어도 치자꽃 못지않습니다. 은근하면서도 깊은 향이 나는 것이 라일락입니다. 라일락이라는 이름보다 수수꽃다리가 이 꽃에 더 어울립니다. 수수한 꽃이거든요. 봄에 피는 꽃을 가르치며 아이들과 화단에 가서 수수꽃다리를 보여 주었습니다. 어서 꽃이 피기를 기원하면서 연한 잎을 만지곤 하였습니다. 어느 날 연보랏빛으로 무리지어 핀 수수꽃다리. 그 향에 취하고 말았습니다.

나는 프리지어도 무척 좋아합니다. 이른 봄을 데리고 오기 때문입니다. 그 은은한 향기와 함께 말이죠. 어느 날 퇴근하고 왔더니 화장대 위에 프리지어 한 다발이 꽃병에 꽂혀 있었습니다. 옆에는 아들이 쓴 카드가 얌전히 놓여 있었고요. 그 전날, 내가 가장 아끼는 커다란 디너 접시를 깨트린 아들에게 무척 화를 냈거든요. 아들이 꽃으로 엄마 마음을 풀어 주고 싶었나 봅니다.

뜻밖에 좋아하는 꽃을 만나고 나는 봄을 미리 선물 받은 기분이었습니다. 꽃은 그렇게 사람을 낭만적으로 만들어 놓습니다.

언젠가 박완서 님의 여행 글에서 부겐빌레아를 처음 알게 되었습니다. '부겐빌레아' 가만히 소리내어 보았습니다. 꽃 이름이 내 입 속에 고이는 것 같았습니다. 타국을 여행하며 그 꽃을 다시 만날 때마다 친구를 만난 듯 반가웠습니다. 그중에서도 폐허에서 피어난 부겐빌레아가 가장 아름다웠습니다. 터키 케코바에 갔을 때, 무너진 성벽에 분홍 꽃들이 흐드러지게 피어 있었습니다. 사실 진짜 꽃은 분홍 잎 속에 하얗게 핀 작은 꽃입니다. 햇빛에 부서지는 쪽빛 지중해를 배경으로 허물어진 붉은 벽돌을 타고 피어난 진분홍 꽃. 처연했어요. 영화로운 도시는 가고 그 흔적 위에 꽃들만 화려했습니다.

그렇더라도 이른 봄 피는 수선화나 길가의 제비꽃, 가을이면 지천으로 피어나는 쑥부쟁이, 벌개미취 같은 수수하고 아기자기한 우리 꽃과는 견줄 수 없습니다. 들에 핀 야생화가 주는 정서는 다른 나라의 꽃에 쉽게 이입이 되지 않기 때문일 것입니다.

그중에도 수선화는 내게 특별한 꽃입니다. 한겨울 추위를 견뎌 내고 잔설 속에서 피어서일까요. 그 향기가 진하고 은은합니다. 수선화는 어릴 때부터 내 마음에 담은 꽃입니다. 할머니네 집 긴 올레에서 피고 지던 꽃이기 때문입니다. 내게 수선화는 할머니의 다른 이름입니다. 수선화를 떠올리면 할머니가 보이고, 할머니를 생각하면 수선화가 피어납니다.

내게도 그런 꽃이 있긴 있었습니다. 퇴근하면 선배 언니와 '사인자'라는 책방에 가서 책을 보다가 한아름 사서 기쁘게 돌아오던 때가 있었습니다. 그 선배가 쓴 편지마다 나를 '코스모스'라고 부르곤 했습니다. 그 말을 하면 다들 코웃음을 칠지 모릅니다. 아무래도 지금은 코스모스가 주는 이미지와는 거리가 멀기 때문입니다.

그렇더라도 누군가 나를 생각하면 떠오르는 꽃 하나 있었으면 좋겠습니다. 그냥 들판 돌담 가장자리에 아무렇게나 피어나는 풀꽃이어도 나를 대신할 수 있는 꽃 이름이 하나쯤 있으면 얼마나 황홀할까요.

화장,
나를 사랑하는 시간

샤워를 하고 거울 앞에 앉는다. 스킨으로 얼굴을 정돈하고 화장품을 바른다. 온전히 나를 바로 보는 시간. 화장하는 시간.

아이들이 어렸을 때, 항상 바빴다. 남편이 출근하고 나면 아이들을 깨워 밥을 먹이고, 애들이 먹다 남은 것을 선 채로 몇 숟가락 떠먹고, 학교로 어린이집으로 보내고 출근을 했다. 화장은 늘 운전 중에 했다. 정지 신호에 파운데이션을 바르고, 다음 신호에서는 눈 화장을 하고, 그다음 신호에서는 립스틱을 바르고, 뒤에서 클랙슨이 울리면 서둘러 출발하고.

그날도 '길거리 화장'으로 마무리하고 학교에 갔다. 책상에 앉아 거울을 보니 뭔가 내 모습이 이상했다. 한쪽 눈썹만 그렸다! 신호가 바뀌어 출발하느라 한쪽을 미처 못 그린 것이었다.

선명한 쪽과 대비되는 희미한 안면이 분장처럼 어색했다. 피식 웃음이 나왔다.

거울 속에 걸려 있는 내 모습을 보니 서글퍼졌다. 살림을 하고 가족을 돌보고 직장일에 치어 늘 동동거리는 내가 거기 있었기 때문이다. 칙칙한 얼굴 위로 찬찬히 나를 돌아볼 틈도 없이 정신없이 흐르는 내 삶이 보였다. 거울 속의 내가 '무엇을 위해 사니?' 그렇게 묻는 것 같았다.

중학교 국어시간에 조경희의 수필 〈얼굴〉을 배울 때였다. 외모나 생김새보다 그 사람의 마음 쓰기가 운명을 결정한다는 내용이었다. 선생님이 갑자기 내 이름을 부르더니 글을 읽은 소감을 말해 보라고 했다. 나는 엉거주춤 일어났다.

"저는 사실 여태까지 얼굴이 예쁘다고 생각해 본 적이 없습니다. 그런데 이 글을 읽고 나니 진정한 아름다움은 내면에서 우러나온다는 것을 알게 되었습니다. 이제는 제 얼굴에 대한 불평을 안 하기로 했습니다."

이 정해진 멘트와는 달리 나는 항상 내 얼굴에 불만이 많았다.

어릴 때부터 나를 귀여워한 외삼촌은 우리 집에 올 때마다 공부를 도와주고 모르는 것을 많이 알려 주었다. 젊은 외삼촌은 귀티가 나는 꽃미남이었다. 거기까지는 좋은데 맨날 나를 놀려 먹었다.

"얼굴은 삼각형으로 생겨가지고 그래도 똑똑하긴 해."

나를 예뻐하는 말이었으나 내가 진짜 못났나 보다 하고 실망하곤 했다. 어른이 되고 같이 나이 들어가면서도 그 놀림은 계속되었다.

"삼각형 얼굴. 하하하! 점점 이뻐지고, 선생님도 되고, 참 기특해."

하지만 삼촌의 놀림이 싫지 않았다.

왜 화장을 할까. 고대인들은 사막의 모래와 건조함으로부터 눈과 피부를 보호하고 주술적인 효과까지 얻으려고 화장을 시작했다고 한다. 이집트에 갔을 때, 몇 천 년 전의 유적에서 본 여인들의 화장술이나 장신구가 예술 수준인 오늘날의 화장과 너무 닮아 놀란 적이 있다.

지나치게 화장을 한 얼굴은 교양이 없어 보인다. 그렇다고 화장기 없는 맨얼굴로 다니는 것도 남을 위한 배려는 아닌 것 같다. 아름답게 꾸미고 정돈한 자태로 다니는 사람들이 나는 보기 좋다.

화장이 어느 정도 얼굴을 돋보이게 할 수는 있겠지만, 못된 성품을 가려주거나 교양을 대신할 수는 없을 것이다. 은은한 화장

밑에 지성을 겸비한 인품. 나이만 먹는다고 그리 되는 것은 아니지만, 내면의 아름다움을 지니고 싶었다.

화장하면서 위로받기도 한다.

언젠가 아는 언니의 아버지가 돌아가셔서 조문을 간 적이 있다. 언니는 눈물로 얼룩진 얼굴을 콤팩트로 추스르며 나직이 말했다.

"어머니의 죽음 앞에 쓰러져 울다가 화장을 다듬으면서 마음을 다독였다는 걸 어느 책에서 읽은 적이 있어."

아버지를 이생의 마지막 길로 보내는 순간에 화장이 무슨 대순가. 부모의 죽음 앞에서 어떻게 그게 가능할까 의아했지만, 마지막으로 정돈된 얼굴을 보여 드리는 것이 망자에 대한 또 다른 추모일 수 있겠다는 생각이 들었다.

화장할 때마다 엄마 생각이 난다. 우리 엄마도 화장을 자주 하셨다. 시골에 살면서도 자모회 활동과 사회활동을 많이 한 까닭이다. 친구들이 엄마 안부를 물을 때 꼭 하는 말이 있다.

"너네 엄마는 아직도 검질매러김매러 가면서 화장을 하시니?"

농사일 하러 가면서도 패랭이에 몸빼 차림일망정 얼굴에 힘을 주셨다. 동네분들이 나에게 엄마처럼 멋을 부리라고 가벼운 충고를 할 정도로 엄마는 멋쟁이였다. 명절날 제를 지내고 친척

분들이 가고 나면 설거지를 마친 다음, 엄마는 화장을 다시 정돈하고 따뜻한 아랫목에 누워 잠깐 눈을 붙이셨다. 나는 엄마 얼굴을 들여다보며 참 곱고도 편안하다는 생각을 했다. 엄마도 그렇게 화장을 하며 당신을 다독였으리라.

화장할 때 늘 시간에 쫓겨 로션이 채 스며들기도 전에 다른 것을 발라 밀리곤 했다. 스며들도록 기다리지 못한 탓이다. 화장도 세상사 이치와 같아서 충분히 스며들어 무르익을 시간이 필요한 것이다. 아이들이 다 자란 지금은 한결 여유롭게 화장을 한다. 천천히 한 가지씩 색조를 입히며 얼굴이 정돈되는 기쁨을 느낀다. 화장을 할 때가 가장 행복하다던 말이 실감난다.

로션이나 겨우 바르고 다니던 시절의 빛나는 얼굴은 이제 더 이상 찾을 수 없다. 젊음의 빛은 스러졌어도 내면에서 우러나오는 품위는 우아해지고 더 깊어졌으면 좋겠다.

자신을 사랑할 때 그때가 진짜 사랑을 할 때라고 한다. 남을 사랑할 준비가 되었다는 말이겠지. 굳이 외출을 하지 않아도 나는 화장을 한다. 얼굴을 도닥거리며 나를 아껴 주고 위로하는 것이다. 나를 돌보고 나에게 힘을 주는 거다. 천천히 매끄럽게. 토닥토닥. 지금은 나를 사랑하는 시간이다.